よみがえるノムラの金言

野村克也が遺した言葉からはまだまだ多くを学べる――

著 サンケイスポーツ

ベースボール・マガジン社

よみがえるノムラの金言

野村克也が遺した言葉からは
まだまだ多くを学べる——

——目次——

第1章

コロナ禍の今だからこそ

（2020年4月10日～5月29日の紙面から）

第2章

令和の野球界が歩む道

（6月5日～7月28日の紙面から）

第3章

勝負師としての心構え
（8月4日～9月29日の紙面から）

第4章

真のプロフェッショナルへ
（10月13日～2021年1月26日の紙面から）

第1章

（4月10日〜5月29日の紙面から）

コロナ禍の今だからこそ

ノムラの金言

第1回

楽して得られる快感なし

2013年5月28日　巨人−ソフトバンク「ノムラの考え」解説で

リスクもつきまとうことを忘れてはならない

決まると喜びに浸れる「外スラ」には高度な技術が必要

追い込んだカウント以外は気安く使ってはいけない

阿部−杉内バッテリーが…に初球痛恨被弾

メジャーで流行「バックドア」にも早くから警鐘

［2020年4月10日掲載］

第1回

楽して得られる快感なし「バックドア」にも早くから警鐘

2020年2月11日に急逝した野村克也さん（享年84）が、サンケイスポーツ専属評論家として本紙に遺した金言の数々。新型コロナウイルスの影響でプロ野球開幕も白紙となった今、ノムさんならではの深い言葉を、重厚な野球理論ともども、改めて噛み締めてください。（構成・内井義隆）

「快感球」と名付け

誰だって、楽をしたい。苦労せずに、いい思いをしたい。ノムさんはそうした人間の業を、『ノムラの考え』でバッテリーの心理に置き換え、諭した。

「楽をして得られる快感など、どこの世界にもない」

13年5月28日、巨人―ソフトバンク（東京ドーム）。評論のテーマは、巨人・阿部慎之助捕手（現2軍監督）と杉内俊哉投手のバッテリーが、ソフトバンク・吉村裕基外野手に対した場面だ。巨人が0―2とリードされて迎えた七回2死一、二塁。左腕・杉内vs右打者・吉村。初球、阿部は外角へ構え、スライダーを要求。これが真ん中に入り、試合を決定づける右越え3ランとなった。

「快感球。私はいわゆる〝外スラ〟を、こう名付けている」

現役時代、名捕手と呼ばれたノムさんはまず、右打者の外角への左投手のスライダー、もしくは、左打者の外角への右投手のスライダーを、「快感球」という造語で表現した。

「この球が決まると、捕手は快感に酔う。ボールだと思い込んだ打者がアッと言って見逃す。裏をかいた喜びに浸れる。同時に、高度な技術が要求され、危険と隣り合わせの球でもある」

その理由は――。

❶外角から曲げるスライダーの練習量は、投球の組み立ての原点となる外角の直球や、打者から逃げていく変化球などと比べ、少ない。つまり、練習で投げ込み、苦しい思いをして体得した球とは、言い難い。

❷この球は、打者という〝目標物〟がなく、がらんどうの空間へ投げる感覚になるため、コントロールをつけにくい。

❸直球やフォークボールなど、全身を使って投げる球と比べ、力を抜きがちになる。

「従って、使いどころを誤ってはいけない。吉村の打席のように、初球からでは、危険度は極めて高くなる」と、投手の本能と打者の技術的な観点を交え、次のようにたたみかけた。

投手の本能とは？

「初球はストライクを取りたい、というのが投手の本能。外角に要求しても、甘く入る危険性を考えねばならない」

「そして甘くなると、打者には絶好球。外から中へ入るスライダーは、外へ逃げていく球や落ちる球とは違い、打撃フォームを崩されることがなく、腕の操作とバットコントロールで、無意識のうちに対応できる」

要するに、ボールになっても余裕がある、追い込んだカウント以外では、気安く使ってはいけない、というわけだ。こうした指摘は何も、阿部だけに向けられたものではない。

「他にも、快感球を多用する捕手が増えている。メジャーリーグで流行してい

ることが、理由の一つであろう」

メジャーで「バックドア」と名付けられたこの球は、2年後の15年にヤンキースから広島に復帰した黒田博樹投手によって、日本で話題になった。ノムさんは、安易にメジャーのマネをしたがる風潮についても、早い段階で警鐘を鳴らしていたことになる。

その上で、あの金言が飛び出した。

「楽をして得られる快感など、どこの世界にもない。快感には過程があり、リスクもつきまとうことを忘れてはならない」

新型コロナウイルスの感染拡大で、個人の生活態度が問われる今、考えさせられる言葉でもある。

ノムラの金言

「楽をして得られる快感など、
どこの世界にもない。
快感には過程があり、
リスクもつきまとうことを
忘れてはならない」

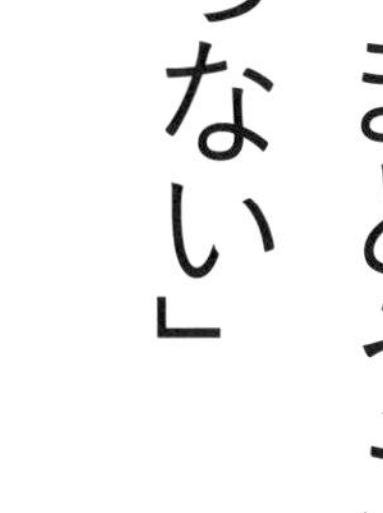

第2回

信は万物の基《もと》を成す
信頼、信用、
自信がなければ
何事も始まらない

サンスポ
ノムラの金言
信は万物の基を成す
2012年3月31日　巨人—ヤクルト「ノムラの考え」解説で
信頼、信用、自信がなければ何事も始まらない
開幕2戦目にして
ベンチが最も避けなければならないのは
自分の信頼度はこうも低いのか
…と思われることである

［2020年4月17日掲載］

新人王の翌年に

ノムさんがよく用いた言葉で、有名なものがある。

「信は万物の基《もと》を成す」

信頼、信用、自信など、「信」がなければ人間は動けないし、何事も始まらない、という意味だ。その使いどころを説いたのが、２０１２年3月31日、巨人－ヤクルト（東京ドーム）の評論、『ノムラの考え』。3－6と逆転負けを喫した巨人・原辰徳監督の継投策を、テーマにした。

先発は沢村拓一投手。プロ1年目の前年（11年）に11勝11敗、5完投をマークして、新人王。2年目で託されたのが、開幕2戦目となる、このマウンド。場面は3－2とリードして迎えた七回1死一、二塁。ここで沢村を降板させたことに、疑問を呈したのだ。

「最も難しい…」

「監督業で最も難しいのは継投。私は判断基準を、次のように置く」

まず、数ある交代基準のうち、負傷などのアクシデントを除く、主要3条件を挙げ、検証した。

【**相　性**】次打者の8番・相川亮二捕手とは、前年が8打数1安打で、この日も投ゴロ、二ゴロ。相性は悪くない。
【**疲労度**】投球数は101。2年目の23歳。限界が訪れていたようには見えない。
【**信頼度**】1シーズン、ローテーションの柱を任せようという主戦投手の信頼度が、セットアッパーより低いなどとは到底思えない。

3条件もクリア

3条件とも打ち消したあと、「あるいは」と付け加えた可能性は、直前の打者、7番・ウラディミール・バレンティン外野手を四球で歩かせ、ピンチを広げていたこと。だが、これも**「四球の質を見誤ってはいけない」**とピシャリ。阿部慎之助捕手が中腰で構え、あちこちにミットを動かしていたため、振ってくれればもうけもの、乗ってこなければ歩かせるという、半ば〝敬遠策〟だったと指摘。その上で、結論付けた。

「私なら少なくとも、同点になるまで任せた――と伝える。いや、沢村は１シーズンを託そうという存在。本来なら、同点まで、ではなく、この試合はお前と心中する、と背中を押す。開幕２戦目にして、ベンチが最も避けねばならないのは、沢村に、自分の信頼度はこうも低いのか…と思われることである」

そして、金言。

「人間関係を円滑にするものは、言葉しかない。私は監督時代に〝見せかけの信頼〟すら駆使した。時には心にもないことを口にして、内心は神頼み。期待に応えてくれれば御の字。結果が凶と出ても、監督に借りができた、次は恩返しをしようと奮起してくれる」

やれパワハラだ、などと何かと突き上げられ、上司が部下に言葉をかけにくくなってしまった現代。見え透いていようとも、ノムさん流のやり方は、アリだと思う。

ノムラの金言

「人間関係を円滑にするものは、言葉しかない。私は監督時代に〝見せかけの信頼〟すら駆使した。監督に借りができた、次は恩返しをしようと奮起してくれる」

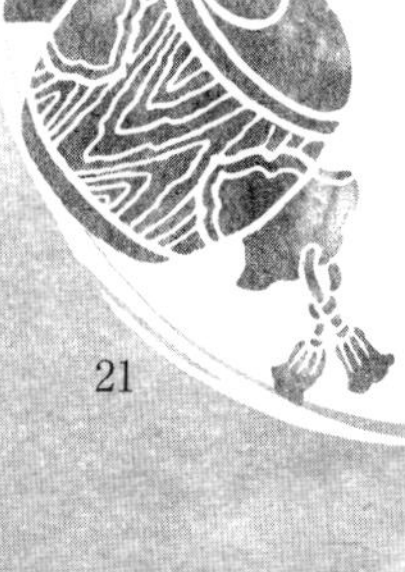

第3回

先入観は罪。固定観念は悪

サンスポ
ノムラの金言
「野村再生工場1号」山内新一を復活に導いた
先入観は罪。固定観念は悪。
欠点だと決めつけず、
特徴と捉え、
特長として生かす。
それはやがて武器になる。

［2020年4月24日掲載］

選手兼任監督

これもノムさんがよく使った言葉だ。

「先入観は罪。固定観念は悪」

例えば戦略・戦術上、「相手ベンチは送りバントでくるだろう」「この打者は内角球を打てないはずだ」などと思い込み、決めつけてかかると痛い目に遭う、という戒めだ。

それは人材活用の面にも通じる。そう教えてくれたのが、ノムラ野球の集大成となる２０１６年の長期連載『ノムラのすべて』に出てくる一節だった。ノムさんが南海（ソフトバンクの前身球団）で選手兼任監督を務めた、１９７３年。山内新一投手が巨人から移籍してきた。70年に８勝したものの、右肘を故障して伸び悩み、72年は０勝。

勝てない理由

「なぜ勝てなくなったのか」と尋ねると――。

右肘が内側に〝くの字〟に曲がっていて、ストレートを投げても、ナチュラルのスライダーになってしまう。コーチからは「真っすぐなんだから、真っすぐ投げろ」と、とがめられ、本人も「肘が回復して、真っすぐが戻れば…」と、もんもんとしていたという。だが**「モノは考えようだぞ…」**。名捕手は、ひらめいた。

「スライダーを投げようと思って投げるのではなく、真っすぐを投げたら自然にスライドする。それは最大の武器になるぞ」

続けて**「コントロールとスピードの変化だけで20勝する投手もいる。ならばお前は、コントロールに活路を見い出せ」**と諭した。

信じて起用！

春季キャンプでは、球速復活への欲を捨てさせ、制球を磨くことに専念させた。オープン戦では、結果が悪くても起用し続けた。

そして公式戦。弱小球団の太平洋クラブ（西武の前身球団）戦で先発に指名。

創意工夫のない、淡泊な打者が多く、おあつらえむきの相手と踏んだからだ。

その上で、こんな指示を出した。

「外角一辺倒に投げて、何点取られるか、やってみよう。打たれてもいい。負けてもいい。とにかく試してみろ」

結果はプロ初完封。右打者へのシュートはわずか３球。それもすべてボールにした。外角へのスライダーと、遅いストレートを、相手打線はひっかけるばかり。内野ゴロの山を築かせた。

欠点だと決めつけるな

すっかり自信をつけ、制球の重要性にも目覚めた山内はこの年、とんとん拍子で20勝している。他球団で〝お払い箱〟になった選手を、よみがえらせる。

そう、「野村再生工場」の第1号でもあった。

ここで、金言。

「先入観と固定観念には、百害あって一利なし。欠点だと決めつけず、特徴と捉え、特長として生かす。それはやがて武器になる」

部下が使えないと嘆く上司。子供の将来に不安を抱く親。思い当たること、あるのでは？

ノムラの金言

「先入観と固定観念には、
百害あって一利なし。
欠点だと決めつけず、
特徴と捉え、特長として生かす。
それはやがて武器になる」

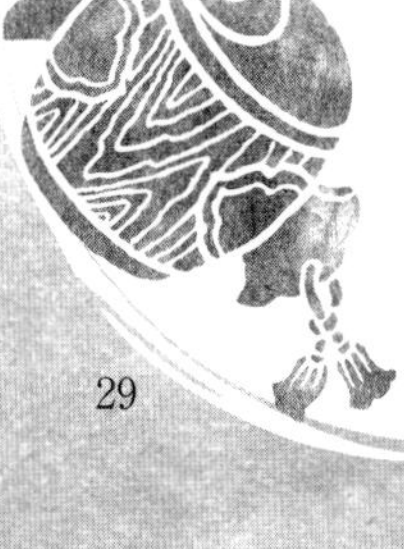

山内の移籍こぼれ話

ノムさんは、巨人・川上哲治監督と面談した1972年オフのトレード交渉を、鮮烈に記憶していた。川上監督は「山内はどうか。無償ともいかないから、富田（勝）をくれ。（同じ三塁手の）長嶋（茂雄）を休ませながら使いたい」。富田は3番打者。山内では釣り合わず、松原明夫投手を加えてもらい、「1対2」でまとまったが…。「すごいな、と感心したのは、その長嶋が交渉のテーブルに同席していたこと。川上さんは『彼はやがて巨人の監督になる。トレード話とはどういうものか、見せておきたい』。脈々と受け継がれる巨人軍精神を見せられた」と脱帽していた。実際に75年から長嶋監督体制になっている。

PROFILE

山内新一（やまうち・しんいち）
1947（昭和22）年12月3日生まれ。島根県出身。邇摩（にま）高から三菱重工三原を経てドラフト2位で68年巨人入団。72年は肘の故障もあって不調に終わるなど、入団後5年間で14勝。翌73年には南海（現ソフトバンク）へ移籍し、20勝（8敗）をマーク。以降、2桁勝利は5年連続を含む8度記録。84年から阪神でプレーし、翌85年に現役引退。通算成績は431試合に登板、143勝142敗、防御率3.74。右投げ右打ち。

第4回

上司たるもの修羅場から逃げ出すな

監督の腕の見せ所

ノムさんの代名詞でもある「ボヤキ」から始まったのは、2015年5月12日の巨人―広島（東京ドーム）。『ノムラの考え』だった。

［2020年5月1日掲載］

「選手に任せる、といえば聞こえはよい。今の球界の風潮かもしれないが…。それでは、監督の腕の見せ所がなくなる」

評論の矛先は、まず広島のバッテリーへ向けられ、やがて緒方孝市監督ら首脳陣に行きつく。広島・前田健太、巨人・菅野智之の両投手が先発し、広島が1―0のリードで迎えた終盤の攻防がテーマになった。七回裏。前田が1死から井端弘和内野手に安打され、代走に足のスペシャリスト、片岡治大内野手が登場した場面。

「エースの投げ合いで、終盤に入った。1点を守りきることを考えねばならない展開だ」と、前提を掲げたノムさん。

巨人はどこかで片岡を走らせる。広島はそれを見破る。走者を刺せるか、進塁を許すか。その勝負心が問われる、と駆け引きを見守った。

けん制球も不十分

ところが広島バッテリーは、打者・堂上剛裕外野手に投げた6球中、ただの1球もピッチドアウトしなかった。3球目で、カウント1―2。片岡はここまでスタートを切っていない。

「そろそろ走る、と考えるのが当然で、しかも外しやすいカウント」と、なお注視したが、ピッチドアウトはない。4球目、5球目と片岡が走り、いずれも堂上がファウル。6球目、またも片岡が走り、堂上が左翼へ二塁打。一気に生還を許し、同点にされた。

「前田はけん制球を、はさんではいた。それでは十分といえない。1球でも外すところを見せないと、相手の動きは止められない」と防御の不備を指摘。

「変化球を投げたときに走られたくない、という心理から、ストレート中心に

なる」と、直球で同点打を浴びた配球の安直さも指摘。「バッテリーに、そこに気づく余裕がないのであれば、ベンチが指示を出さねばなるまい。1点を争う展開こそ、ベンチの腕の見せ所なのだから」と結論付けた。

抗議でリズムを崩せ

広島ベンチへの不満は、まだ続く。1―2と逆転されて迎えた九回表の攻撃。1死二塁で、沢村拓一投手がマウンドでセットポジションに入ってから、左足のかかとを少し上げる動作を繰り返していたことに着目。就任1年目の緒方監督に助言した。

「私が監督なら、セットポジションで静止していない、ボークではないか、と抗議する。走者のスタートの遅れは勝敗を左右するし、抗議することで沢村のリズムが狂うこともある」

そして、金言。

「選手を信頼して任せる。それは試合を進めているだけで、勝負をしていない。勝敗を分ける局面で、監督とベンチが傍観者になってはいけない」

上司たるもの、現実から目をそらさず、修羅場から逃げ出すな――。そんな教訓とも受け取れる。「見守る」と「傍観する」は、違うのだから。

ノムラの金言

「選手を信頼して任せる。
それは試合を進めているだけで、
勝負をしていない。
勝敗を分ける局面で、
監督とベンチが傍観者に
なってはいけない」

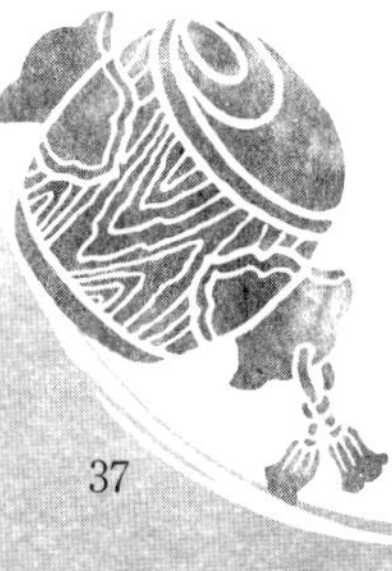

第5回

フォア・ザ・チーム精神をはかる基準は「走塁」

サンスポ
ノムラの金言
フォア・ザ・チーム精神を
はかる基準は走塁
松原明夫は
同僚選手への思いが行動に表れる
投手なのに負傷も恐れず全力疾走

［2020年5月8日掲載］

意外な要素

「フォア・ザ・チーム」と聞いて、思い浮かべるプレーは？

自らを犠牲にする送りバントや、進塁打。スコアに直結する打点と、そこへ導く出塁。体を張って打球を止める献身的な守備…。大半の人が抱くイメージは、そのあたりだろう。だが、ノムさんは実に意外な要素を挙げた。

２０１６年の長期連載『ノムラのすべて』の一節。南海（ソフトバンクの前身球団）の監督時代の１９７３年。巨人から移籍してきた松原明夫（のち福士敬章）投手のエピソードで始まり、やがて結論にたどり着くことになる。松原は巨人での4年間で0勝。「気が弱いから、使い方を考慮してあげた方がいい」と巨人側から耳打ちされたこともあり、ノムさんも「中継ぎにでも」という程度にしか考えていなかった。

その思い込みは、オープン戦のワンプレーで吹き飛ぶ。松原は三塁走者として、内野ゴロで本塁に突入。野手顔負けの猛烈なスライディングを見せた。調整目的の試合だというのに負傷をも恐れない。すぐに先発ローテーションに入れた。なぜか。走塁への取り組み方に、プロ選手としての資質を見い出したからだ。

「投げる。打つ。これは誰でもやる。成績が上がれば、自身のため、チームのためになる。こと走塁に関しては、盗塁を多くマークする選手以外、領域外と考えがちだ。それは違う」と、まずは先入観を排除。

「野手の中にさえ、出塁したとき、一塁手とお手々つないで…かと間違えるほど、ベースから離れない選手がいる」と、一部の無気力な選手にタメ息。「しかし、走塁には」――。記録と数字に表れない重要度があるとして、次のように力説した。

意欲と姿勢

打球が転がったとき、一歩目のスタートの良しあしに、足の速い遅いは関係ない。**「1つでも先の塁へ進みたい、なんとかして生還したい。その意欲と姿勢があるかどうかだ」**とバッサリ。お手々つないで…についても、意欲と姿勢の問題だと強調。**「盗塁ではなく、帰塁することだけを考えていれば、リードの幅も大きくとれるではないか」**と発想を転換した。

心理面を突く

さらに、投球と同時にスタートを切るしぐさを見せれば、なおよし。**「バッテリーと内野陣に余分な神経を使わせる」**と心理面に言及。それらが効いて、投手がコントロールミスを犯せば、打者の打撃チャンスは広がる。打率と打点を稼がせてあげることにつながる。けん制球を多く投げさせれば、悪送球の可能性も出てくる。つまり、**「たとえ走らずとも、いくらでも貢献のしようがある」**とたたみかけた。

そして、金言。

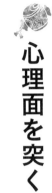

「私は監督時代、選手のフォア・ザ・チーム精神をはかるとき、走塁を基準にした。チーム＝同僚選手への思いが行動となって表れる。それが走塁なのだから」

さて、ご同輩。会社や組織に貢献できることは何か。もう一度、自分を見つめ直してみては？

PROFILE

松原明夫（福士敬章）
＜まつばら・あきお、後にふくし・ひろあきに改名＞
巨人4年間で0勝。〝再生工場〟75年に11勝、83年に韓国で歴代最多のシーズン30勝。1950（昭和25）年12月27日生まれ。鳥取県出身。鳥取西高から69年ドラフト外で巨人入団。73年に南海へ移籍し、プロ初勝利を挙げた。75年に初の2桁勝利（11勝）。77年広島へ移り、78、80年に自己最多の15勝。最高勝率1度（80年、当時連盟表彰なし）。NPB通算339試合に登板、91勝84敗9S、防御率3.68。83-86年は韓国プロ野球でプレー。83年にシーズン30勝で歴代最多記録を樹立。2005年4月に54歳で死去。右投げ右打ち。

ノムラの金言

「私は監督時代、選手の
フォア・ザ・チーム精神をはかるとき、
走塁を基準にした。
チーム＝同僚選手への思いが
行動となって表れる。
それが走塁なのだから」

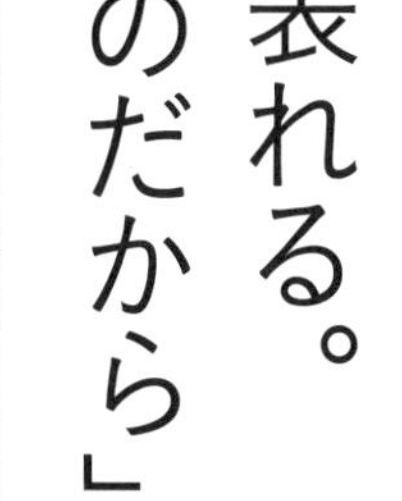

第6回

マー君
「学びの神髄」
失敗と書いて
「せいちょう」と読む

失敗と書いて成長と読む

ノムラの金言

マー君学びの神髄

驚異の13年、24勝0敗1S

「ボールと会話できる」選手に育った

それは全ての人間に当てはまる

［2020年5月15日掲載］

これほどの域とは

かつての教え子を、まぶしそうに見つめた。2013年6月9日の巨人−楽天（東京ドーム）での『ノムラの考え』。7回3安打無失点で勝利投手になった楽天・田中将大に、ノムさんが脱帽。

「相当、レベルの高い投手になった。ボールと会話できる。打者を見下ろせる。これほどの域に達していようとは」

先に明かしておくと、田中はこの年、24勝0敗1セーブ、防御率1・27の驚異的な成績を残し、翌年にヤンキースに移籍した。そんな立身出世ぶりを、シーズン半ばにして見抜いたかのような評論。ノムさんの眼力もまた、さすがといえる。

さて、先述の「ボールと会話」とは何か。捕手のサインに応じ、はいストレート、はい変化球…などと、単純に投げているのではない。これはボールにしよう、ここは様子を見よう…などと、明確な意図を持ち、かつ、白球に正しく伝える。得意球のスライダーにしても「1、2、3」で投げるだけでなく、「1、2の、3」とタイミングを変える。

それらの能力を**「ボールと会話できる」**と表現するという。**「打者を見下ろしているとしか、言いようがない」**と評したのは、直球の使い分けだ。

タイミングを変えて

序盤はカットボールやツーシームなどのスライド回転、シュート回転を見せておき、四回2死後、長野久義外野手を見逃し三振に取って以降、伸びのある本来の直球（フォーシーム）を多投。六回にはその直球で、坂本勇人内野手を右飛、阿部慎之助捕手を空振り三振とねじ伏せた。坂本への6球目には突如、直球をクイックで投げるなど、やはり随所でタイミングを変えている、と指摘。七回にはホセ・ロペス内野手に初球、ど真ん中でストライク。**「打ってこないとわかって、カウントを稼いだ」**と看破。

続くジョン・ボウカー外野手と長野久義内野手に対しては、勢い込むのを逆手に取り、真ん中から少し落とす変化球で内野ゴロ。**「計算通りの投球。力を込めるところは込め、抜くところは抜く。打者がよく見えているからこそ、できる芸当だ」**と最大限に評価し、ここから、述懐に入った。

「あれもマー君の成長の一助になってくれているなら、幸いに思う」。楽天監督時代の話だ。

２００７年にルーキーで11勝をマークした田中に、そのオフ、２年目の目標を聞くと「ストレートで空振り三振を取りたいんです」。まだ20歳前。それくらいの志を立てるのも悪くないと考え、**「いいじゃないか。やってみろ」**と背中を押した。

これが失敗。球速への意識が力みを招き、バランスを崩し、不調に陥った。すぐに田中と話し合い、**「俺も間違っていた」**と謝ったという。真ん中の

１５０キロ速球より、１３０キロでも外角低めの方が打たれない——。投球の原点に立ち返り、力まず投げることを優先させると、制球が定まり、フォームも安定。その結果、直球の威力まで増した。08年こそ9勝止まりながら09年からは19年まで、２桁勝利を続けている。

そして、金言。

「失敗と書いてせいちょうと読む。私が好きな言葉である。失敗から何を学び、糧とするか。プロ野球選手にとどまらず、全ての人間に当てはまることだ」

田中の成功があるだけに余計、説得力も増してくる。

ノムラの金言

「失敗と書いてせいちょうと読む。
失敗から何を学び、糧とするか。
プロ野球選手にとどまらず、
全ての人間に当てはまることだ」

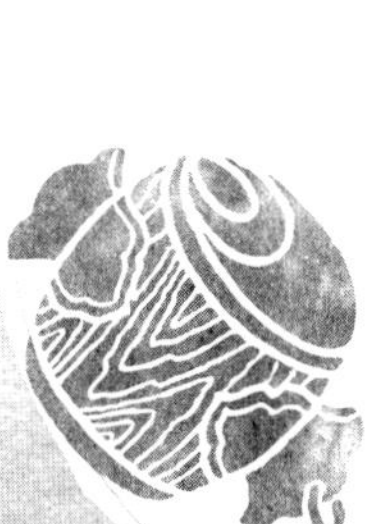

第7回

声、サイン、構え
すべて会話
コロナ禍の今、
大切にしたい
コミュニケーション

声、サイン、構え
すべて会話
サンスポ
ノムラの金言
コロナ禍の今、大切にしたいコミュニケーション
投手を助ける術はいくらでもある
捕手は黙っていてはいけない
ミットの位置、ささやき…

［2020年5月22日掲載］

現役捕手たちの傾向

「会話」にもいろいろある。

前回はノムさんが楽天・田中将大投手を絶賛し、**「ボールと会話できる域に**

達している」と表現したことを紹介した。今回もテーマは「会話」。２０１２年７月６日の『ノムラの考え』、巨人－阪神（東京ドーム）で阪神・メッセンジャー投手が珍しく、２回６失点と炎上した。

一回、１番の長野久義外野手、３番の坂本勇人内野手への四球が、ことごとく失点につながり、９番の沢村拓一投手には、２ストライクと追い込んでから、押し出し四球。二回には先頭の谷佳知外野手に、カウント２－０から、真ん中の直球を本塁打された。制球を乱して四球を出し、四球を恐れて甘い球を痛打される。不調に尽きるといえば、それまで。または、「ひとり相撲」で片づけられそうなところ。

「しかし」と、そこから踏み込んでいくのが、ノムさんのノムさんたるゆえん。視線の先には、メッセンジャーとバッテリーを組んだ若手捕手がいて、さらにその奥に、球界全体の捕手の傾向を、とらえていた。

「投手の不調に手をこまねいているだけで、努力も工夫もない。今の捕手にはそこが欠けている」とボヤき、投手の制球が悪いときの方策を列挙した。まず、構え。例えば外角球を要求するとき。極端に外側のコースへ寄って構える。さらに、ミットを体の真ん中に置き、大きく広げてみる。

体全体で意思表示

そのココロは**「俺のミットの、ど真ん中を目がけて投げてこい」**。コースを狙おうとするから、ボールになる。外角ではなく、ど真ん中！　大げさに、体全体で意思表示をしてあげれば、小手先の投球にならず、フォームも崩さず、制球が定まることもあるという。

思わぬ効果もあり

注意点は、打者の視界の端に捕手の動きが映り、コースがバレる危険性があること。顔を少しだけ動かし、捕手の位置を確認しようとする打者は、少なくないという。

「それを防ぐため、球審の方に数十センチ下がってから、コースに移動する」。これなら、打者の視界から捕手が消える。打者は**「視界の端に映らないから、内角に構えている」**と勝手に決めつける。思わぬ効果も生まれる、というわけだ。

応用編として明かしたのは、一種の〝ささやき戦術〟。

打者が直球をファウルしたあと、**「タイミングが合っているぞ」**と声をかける。打者は**「次は変化球か」**と、やはり勝手に決めつける。サインはまた直球でいい。あるいは、直球を見逃したあと。**「もう一丁、思い切ってこい」**。打者は直球が続くと勘違いする。今度は変化球。

いずれにしても、球種は語っていないから、だましたことにはならない。実に巧妙。要するに、不調の投手を助ける術は、いくらでもあるということだ。

そして、金言。

「捕手は、黙っていてはいけない。実際に声を出すだけでなく、サインを出すのも、極端に構えるのも、すべて投手との会話。常に、会話をしなくてはいけない」

人間関係を円滑にするのは言葉しかない――。これがノムさんの持論。そこに、さまざまな「会話」を加えれば、なおよし。実践してみては？

ノムラの金言

「捕手は、黙っていてはいけない。
実際に声を出すだけでなく、
サインを出すのも、
極端に構えるのも、
すべて投手との会話。
常に、会話をしなくてはいけない」

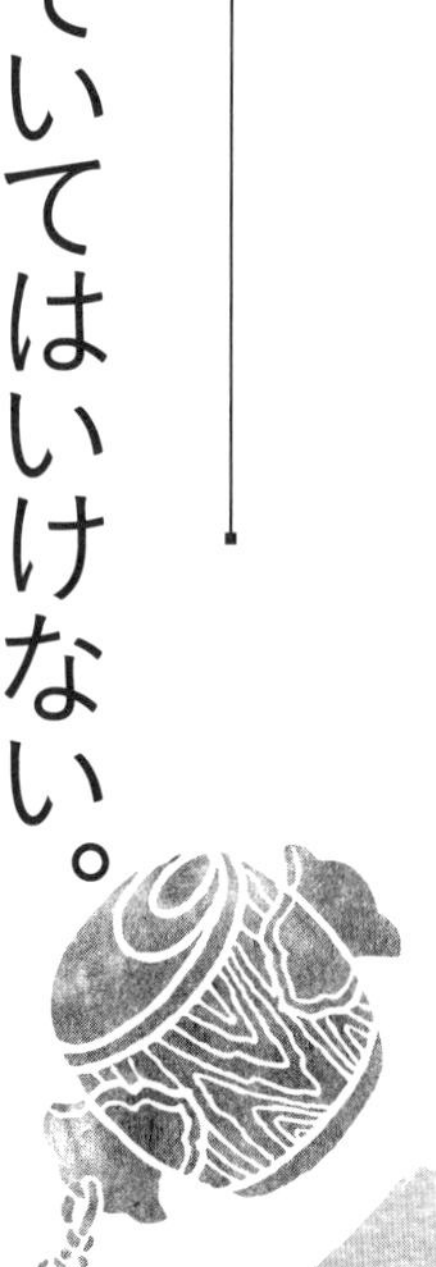

第8回

力を入れるのは子供にもできる。力を抜いて必要なポイントにパワー、それがプロの心構え

野球の花形

豪快なスイングから生み出される、どデカいホームラン。野球の花形シーンの1つだ。それを追い求めすぎると…。

サンスポ
ノムラの金言
力を入れるのは子供にもできる
力を抜き必要なポイントにパワー
それがプロの心構え、技術
フルスイングの勘違い…新井兄弟は「むちゃ振り」
初球でタメ息…凡退嘆信「もう打てんわ」

［2020年5月29日掲載］

「フルスイングの勘違いになる」

ノムさんがピシャリとクギをさしたのは2013年8月27日、巨人―阪神（東京ドーム）の『ノムラの考え』。阪神の新井兄弟の打撃評論だった。

阪神にとっては、5ゲーム差で首位・巨人を追う3連戦の初戦。時期的にみても、優勝戦線に残れるかどうかという大事な一戦。巨人の先発は11年（18勝）、12年（15勝）と2年連続最多勝の左腕、内海哲也投手。

その立ち上がり、一回2死一、二塁。なにがなんでも先取点がほしい試合。しかも、先頭打者が四球で出ながら、2番に強攻させ、進塁打にもならずに遊ゴロ併殺。その後にまた四球2つで、転がり込んだチャンス。ここで右打席に新井貴浩内野手。さあ、初球。

「もう、打てんわ」

ノムさんはこの時点で、早くもタメ息をついた。真ん中に入ってきたスライダーを、大きなスイングでファウルにしたからだ。

常識的に言って、一流投手の失投は、1打席に1球あるかないか。甘くきたファーストストライクの打ち損じは、取り戻せるものではない——。これが根拠だった。実際、2球目から内外角のきわどいところへ散らされ、最後は外角低めのフォークボールで空振り三振に倒れている。

「むちゃ振り」ではダメ

弟の新井良太内野手も二回無死一塁で、カウント1—0からの2球目、真ん中から内角にきたスライダーを、同じように大きなスイングでファウル。あとは外角低めに集められ、最後は対角線となる内角高めの直球で空振り三振。注文通りに料理され、内海をペースに乗せてしまった。

「最近の球界では、本人も周囲も、あれを『フルスイング』と呼び、その結果だから仕方ない…と片付ける風潮にある」

ノムさんのボヤキは続く。**「私は決して、そうは呼ばない。勘違いしてはいけない。あれは『むちゃ振り』でしかないからだ」**

ここから、即席のスイング講座になる。

バットの操作

バットの芯の部分は直径7センチしかない。その小さなポイントにボールを当てるために必要なものは、腕力でもなければ、振り幅の大きさでもない。バット操作であり、ヘッドを走らせること。**「つまり、ヘッドにスピードがあることこそが、フルスイングの実体だ」**と説いた。

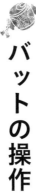

「自然と飛ぶ」

さらに、ヘッドを走らせる意識があれば、スイングはいやでもコンパクトになる。コンパクトになれば、打ち損じも減る。まして、新井兄弟はともに身長が190センチに近い。**「その体格があれば、コンパクトにとらえるだけで、打球は自然と飛んでいく」**と結論付けた。

そして、金言。

「力を入れるのは子供にもできること。いかに力を抜き、必要なポイントにパワーを伝えるか。それがプロの心構え、技術である」

職人や専門職と呼ばれる方々。プロならではの技を、大いに発揮しましょう。

ノムラの金言

「力を入れるのは子供にもできること。
いかに力を抜き、
必要なポイントにパワーを伝えるか。
それがプロの心構え、 技術である」

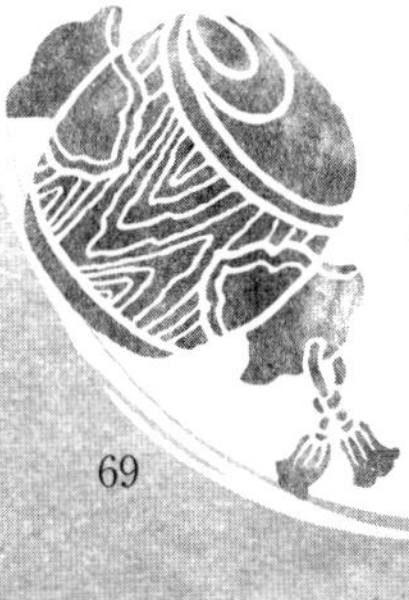

第2章

（6月5日〜7月28日の紙面から）

令和の野球界が歩む道

第9回

カラ元気でもいいから出せコロナ禍の今だからこそパワフルに!!

コロナ禍の今だからこそパワフルに!!
カラ元気でもいいから出せ
ノムラの金言

［2020年6月5日掲載］

腑に落ちない……〝無抵抗〟の阿部

珍しく、評論が二の次になっていた。

「いったい、どうしたのか。それほど体が、悪いのか。攻守にわたって覇気がない。

集中力も感じられない」

開口一番、ノムさんが気にかけたのは、巨人・阿部慎之助捕手（現2軍監督）。2014年4月25日、広島戦（マツダ）の『ノムラの考え』だった。

先発の杉内俊哉投手は、六回途中まで被安打7。イニングの先頭打者に四球を与えること2度と、不安定な内容。一塁走者を見やすい左腕でありながら、盗塁とエンドランも、やすやすと決められた。

「こういうときこそ、捕手の出番ではないか」

例えば、気持ちを奮い立たせるため、返球のたびに**「しっかりせんか」**とばかり、力強いボールを投げる。逆に力が入りすぎているとみたら、マウンドへ行き、ほぐしてやる。**「美人の客が来ているぞ。見えるか」**といった冗談でもいい。逐一、ケアすることが捕手の務め。それが持論だ。

「しかし、きょうの阿部は…」と、腑に落ちない点を挙げた。

けん制球をしつこく投げさせるわけでもなければ、ピッチドアウトもしない。常に返球はそっ気なく、マウンドに歩み寄ろうともしない。打撃にも気が入っていない。凡退してはトボトボとベンチに戻る。その繰り返しに映る、などと、さかんに首をひねっていた。

満身創痍の14年、翌年コンバート

先に明かしておくと、阿部は35歳で迎えたこのシーズン、首痛をはじめ満身創痍だった。最終的に打率・２４８、19本塁打にとどまり、翌15年、一塁手に転向している。

もちろん、ノムさんはこの評論の時点で、そうした状態だとは知る由もない。しかも、01年のプロデビュー時から**「ワシの捕手としての記録を抜くのは、阿**

部しかいない」と熱視線を送っていた。12年に日本ハムとの日本シリーズを制したときには、**「不調の投手を立ち直らせる、味のあるリードをするようになった」**と、熟練捕手と認めていた。

だからこそ、阿部の状態を心配し、評論のタッチも〝叱咤激励型〟になったのだろう。**「とにかく今、阿部に言いたいことは」**――。

披露したのは南海での現役時代、鶴岡一人監督とのやりとり。**「お前がシュンとしていたら、いかん」**と、いつも尻をたたかれたそうだ。守備のイニングの始まりには、「さあ、締まっていこうぜ！」と、高校生のように大声を出すことすら、命じられたという。なぜならば、捕手というポジションは――。

そこが、金言。

「1人だけ投手と他の野手とは違う方向を向いて、プレーしている。グラウンドの8人全員に見られている。捕手に覇気がないと、チームにも元気が出ない。カラ元気でもいいから、出せ」

プロ野球はようやく、練習試合の再開にこぎつけた。この先も、さまざまな困難があるはずだ。そういうときこそ、選手も、ファンも、マスコミも、なおさら元気よく！

ノムラの金言

「1人だけ投手と他の野手とは
違う方向を向いて、プレーしている。
グラウンドの8人全員に見られている。
捕手に覇気がないと、
チームにも元気が出ない。
カラ元気でもいいから、出せ」

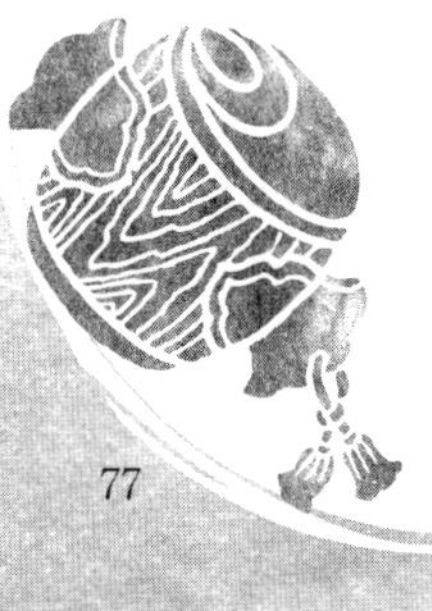

第10回

開幕まであと1週間
試される
「備えと覚悟」

サンスポ
ノムラの金言
野球は8割が
備えで決まる
開幕あと1週間 試される「備えと覚悟」

［2020年6月12日掲載］

そらせば失点…

ノムさんはよく**「二段構え」「三段構え」**の必要性を説いていた。

主に、打者が甘い球を打ち損じたとき。「直球を狙う…」では不十分。「高めの球だけ」「バットを立てて」「コンパクトに振る」などと、心構えを重ねておくべし、と口を酸っぱくして語っていたものだ。それは何も、打撃に限った話ではない。「ここで改めて伝えておこう」とペンを執ったのが、２０１５年７月11日の巨人─阪神（東京ドーム）、『ノムラの考え』だった。

とっかかりは、阪神・藤浪晋太郎投手の失点。

三回1死一、三塁。打席には坂本勇人内野手というピンチで、カウント1─1からのスライダーが外角へそれ、ワンバウンド。バックネットまで転がり、2点目を献上した。

公式記録では「ワイルドピッチ（暴投）」のアナウンス。藤浪には常に、制球の不安がつきまとう。通常なら「ノーコン」の一言で片づけられるところ。

ここでピシャリと異を唱えるのが、ノムさんのノムさんたるゆえん。

「捕手出身の私に言わせれば実質、パスボール（捕逸）である」と、バッテリーを組んだ準主力の捕手に評論の矛先を向けた。

まず、走者は三塁。投球を後ろにそらせば失点するという状況で、低めのスライダーのサインを出したこと。スライダーにしろ、フォークボールにしろ、低めの変化球はワンバウンドになる確率が高い。果たして、サインを出した時点で**「絶対そらさない」**という心構えがあったのか、と理詰めで問いかけた。

危険な〝半速球〟に

「残念ながら、それは見えてこなかった」と、続けて解説したのが、捕手の捕球姿勢だった。

両膝ごと外角へ移動し、両膝を地面につけ、ミットを下から出し、上半身に当ててでも、ボールを前に落とす。これが基本的な動き。その捕手は正反対で、内野手の逆シングルキャッチのように、ミットをはめた左手だけ外角の方へ出し、後ろにそらした、と指摘した。

「それでは投手は、低めに投げにくい。やがては高めに浮き、最も危険な〝半速球〟と化す」と悪循環に言及。

「だから私は現役時代、体全体で止める！　絶対に後ろにそらさない！　手加減して投げるな！　と投手に宣言した」と回想し、**「捕手には、その備えと覚悟がなくてはいけない」**と結論付けた。

仕事にも通じる

そして、短くも普遍的な金言が飛び出した。

「野球は8割が、備えで決まる」

どうだろう。「野球」の部分を、それぞれの仕事に置き換えても、通じる話だと思う。もちろん、6月19日に開幕を控えるプロ野球も同様。「備えと覚悟」が、試される。

ノムラの金言

「野球は8割が、備えで決まる」

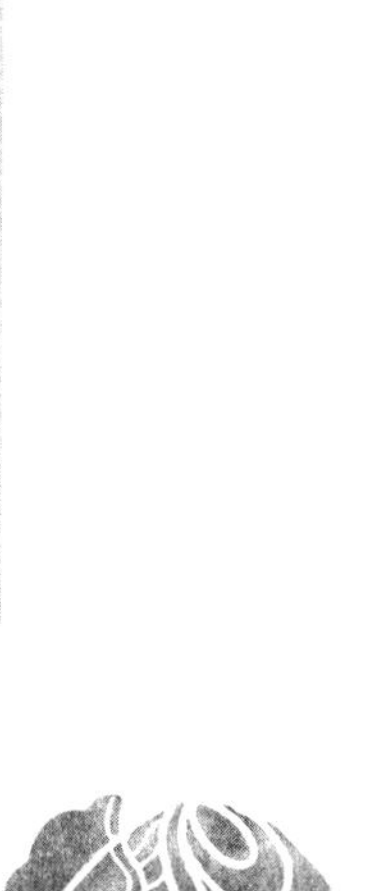

第11回

「令和」は球界にうってつけの元号

サンスポ
ノムラの金言
令和は球界に
うってつけの元号
チームの和を保ち
敵も味方も敬い
冷静さ忘れず真摯に戦う
きょう開幕 忘れてはならない心構え

［2020年6月19日掲載］

経験を引き合いに

戦後初の三冠王で、通算657本塁打は歴代2位。監督としてリーグ優勝5度、日本一に3度。昭和の大選手にして、平成の名将だったノムさんが、球界へのメッセージとして本紙に特別寄稿したのは、令和という新時代の元号が発表された、２０１９年4月1日だった。

「まず、指導者育成が何より急務である」

これが第一声。南海（ソフトバンクの前身球団）、ヤクルト、阪神、楽天と4チームを率いた自身の経験も引き合いに、1度ユニホームを脱いだ監督が数年後、現場に復帰する流れは、いまだに変わっていないと嘆いた。

手抜きを許さない

そこで提言したのが、「指導者育成の場」。監督やコーチを一堂に集め、研修会などを開催すべきだと訴えた。球団の監督選任法にも、注文を出している。

「最近は処世術に長けた者が監督になる傾向が強いように思える」

球団の言うことを聞き、波風を立てず、金もかからず…。そうした、経営者側にとっては楽な人材を求めたがる風潮に、ピシャリとクギを刺した。

「プロ野球は勝負の世界。監督はそもそも、選手の生殺与奪権を握っている。その責任も負う。選手に優しく、いい顔をする者には務まらない」と断じ、**「選手を叱り飛ばし、手抜きを許さない〝恐怖監督〟こそ、ハングリー精神が薄く、おとなしいタイプが多い今の選手に必要ではないだろうか」**と問いかけた。

続けて注文を出したのは、監督采配について。

「私が南海時代、江夏豊をリリーフに転向させたことが、投手分業制につながったため、複雑な心境ではあるが…」と前置きしながら、**「何かと議論になる、投手の球数制限も、責任の多くは監督にある」**

先発は5回、または１００球などと、あらかじめ決めている節があると指摘。そこには、先発と2番手への信頼度、スタメン打者や代打との力関係などといった、続投か交代かの本来の根拠は存在しない、と論じた。

「裏を返せば、駆け引きや選手起用の妙といった、野球の面白さも損なわれている」と、ここでも嘆き、**「投手の華は先発完投型。それに耐えうる強靱《きょうじん》な投手を育てることが先決だ」**と唱えた。

捕手不足解消へ

さらに、「監督、コーチ諸氏にお願いしたい」と俎上に上げたのは、「生涯一捕手」を自任するノムさんらしいポイント。叫ばれて久しい、捕手不足についてだった。

「フルシーズン出場可能な、やはり強靱な捕手を育て上げることが解決の第一歩。捕手はグラウンドにおける監督。優勝チームに名捕手あり――。そこがもっとクローズアップされれば、捕手志望者もおのずと増えよう」と望みを託した。

そして、まとめ。

「令和。球界には、うってつけの元号だと思う。『令』は相手を敬う言葉にもなり、冷静も連想させる。敵も味方も敬い、冷静さを忘れず、真摯(しんし)に戦う。『和』はまさにチームの和。新時代を迎えても、忘れてはならない心構えであろう」

ついにスタートする2020年のプロ野球。どんな新時代を見せてくれるのだろうか。

ノムラの金言

「令和。球界にはうってつけの元号だと思う。
『令』は相手を敬う言葉にもなり、
冷静も連想させる。敵も味方も敬い、
冷静さを忘れず、真摯に戦う。
『和』はまさにチームの和。
新時代を迎えても、忘れては
ならない心構えであろう」

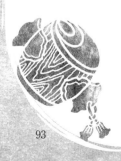

第12回

忘れてはいけない 1つのボールが 試合を動かすこと

サンスポ
ノムラの金言
1つのボールが
試合を動かす
ノム誕生日に目からうろこの新視点
1死一、三塁で一走けん制死
思い込みが招いた
不注意 無警戒

［2020年6月30日掲載］

思い込みは禁物

いきなり、ノムさんからクエスチョン。

「野球というスポーツの主役は？」

恐らく全員、「選手」と即答するはず。もちろん、ピンポーン。

「ただし、答えはもう1つある」

そこに気付かせてくれたのが、2013年8月29日の巨人―阪神（東京ドーム）での『ノムラの考え』だった。

阪神の一回の攻撃。1死一、二塁で、打席に4番のマット・マートン外野手。首位・巨人とは7ゲーム差をつけられている。これ以上、引き離されれば、9月の声を前にして、〝秋風〟がビュービュー吹く。何が何でも先取点がほしい。

そんな状況にもかかわらず、一塁走者の鳥谷敬内野手（現ロッテ）が、沢村拓一投手のけん制に刺されてしまう。

それも、ボールが一塁手のホセ・ロペス内野手のミットに収まってから帰塁した…。そう映るくらい、無警戒だった。

「思い込み以外の何物でもない。注意と神経が行き届いていない」

ノムさんも思わず、頭を抱えたほどだ。投手は通常、本塁に近い方の走者を、けん制する。今回の場合でいえば、シングルヒットで生還させないよう、リードを大きくとらせないよう、二塁走者に目を光らせる。その思い込みが不注意、無警戒を招く――。

ベンチにも責任

そう解き明かし、南海監督時代（１９７０―77年）に駆使したサインプレーを紹介してくれた。例えば満塁のピンチ。投手に三塁へけん制のポーズをさせてから、二塁へ投げさせた。その際、「二塁は1度も見るな」と指示していたという。

自分にはけん制してこないと思い込んでいる二走は、その安心感から、自分も一打で生還しようと意気込む。あわよくば内野ゴロでも生還してやろうともくろむ選手すらいる。

だから、体も気持ちも前のめりになる。そこが付け目というわけだ。

鳥谷のケースも、ベースこそ違えど、同じ心理。はやる気持ちに支配され、ボールを握っている投手への注意はおろか、後方に守っているロペスへの警戒心も、抜け落ちていたと指摘。

「40年も前からあるサインプレーに、ひっかかるようでは…」と選手だけでなく、一塁コーチャー、さらにベンチの責任も大きいと断じた。

そして、金言。

「ボールも野球における主役である。1つのボールが試合を動かすという競技の基本を、忘れてはいけない」

目からうろこの、ファイナルアンサー。プロ野球は現在、無観客で試合が行われている。テレビ、ラジオの中継で、普段は耳に届きにくい選手の声、打球音、捕球音を、新鮮に感じるというファンは多い。それもまた、野球の見方、楽しみ方だ。7月10日にはスタンドが開放される。これまで以上に、白球の行方にも目をこらしてみてほしい。

ノムラの金言

「ボールも野球における
主役である。
1つのボールが試合を
動かすという競技の基本を、
忘れてはいけない」

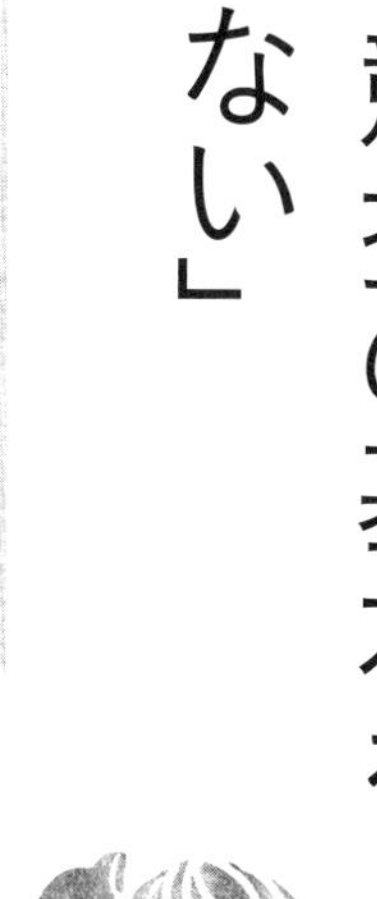

第13回

「きょうの入場料は高いかな」「明日は来てくれないだろうな」

［2020年7月7日掲載］

流しソーメン!?

まずは、ノムさんのわびしい回想から。

「昔の大阪球場は、閑古鳥が鳴いていた。お、きょうは人出が多いぞ、と喜ん

でいたら、隣接する場外馬券売り場に行く人たちだった…なんてオチがついたものだ」

これは２０１４年の企画紙面『追憶のスタジアム』に寄せたコメント。南海時代の本拠地・大阪球場は、繁華街の難波にありながら、当時のパ・リーグは不人気で、スタンドはガラガラだった。

実際、他の球場でも、カップルがイチャついていたり、スタンドの段差を利用して流しソーメンをやっていたり…。珍映像が残されている。こうした話はやがて、大型評論『ノムラの考え』につながっていく。

17年8月8日の巨人―阪神（東京ドーム）だ。阪神の先発、岩貞祐太投手は立ち上がりから不調で、一回に阿部慎之助内野手にタイムリー、二回に石川慎吾外野手にソロ本塁打を許していた。

明らかな交代機

三回には先頭の陽岱鋼外野手をストレートの四球で歩かせ、続くケーシー・マギー内野手にも四球。それも、陽には直球がすべて高めに外れ、マギーには変化球を地面にたたきつけてばかり。

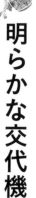

ノムさんは**「修正能力も、立ち直る気配もない。明らかな交代機」**と指摘。その後、押し出し四球とタイムリー2本で、計6失点の惨状をみるや、**「三回で早くも捨てゲームか」**と吐き捨てている。ここから導き出したのは、球界の顕著な傾向。

「これは阪神に限らない。『お決まり野球』だ」と表現し、その由来を説明した。まず、先発投手は、ほぼ1週間に1度しか登板しない。早めに代えると、費用対効果ならぬ〝労働対効果〟に見合わない。また、リリーフ陣の多用も避けたい。

したがって、不調だろうが、失点を重ねようが、ある程度は続投。先発に球数、イニングといった決まり事を設定している。だから「お決まり野球」だという。

球界のシステム

さらに、「その根底に透けて見えてくるものは」と、球界のシステムに言及。選手に無理をさせず、温存し、シーズンをトータルで乗り切る計算が先に立つ。

「なぜならば、優勝できなくても、クライマックスシリーズ（CS）という保険があるからだ」と鋭く切り込んだ。

「これでは、失点を最小限に食い止め、反撃に転じ、逆転で試合をモノにしようという意欲など、望むべくもない」と深く嘆いた。

そして、金言。

「きょうの入場料は高いかな…。南海では選手兼任監督として毎試合、ファンの目線に立ち、試合内容の濃さ、薄さを気にしていた」

冒頭で触れた通り、人気低迷期のパ・リーグでプレーしたからこそ、出てくる言葉だろう。金言は、続く。

「明日は来てくれないだろうな…。優勝争いから遠ざかることに恐怖を抱いていた」

CSなどない時代。ペナントレースに全身全霊を傾けたからこそ、語れた心境だろう。

20年のプロ野球も、ようやくスタンドが開放される。ファンを満足させる試合内容と、白熱する優勝争いを、改めて期待したい。

ノムラの金言

「きょうの入場料は高いかな…。
南海では選手兼任監督として
毎試合、ファンの目線に立ち、
試合内容の濃さ、
薄さを気にしていた」

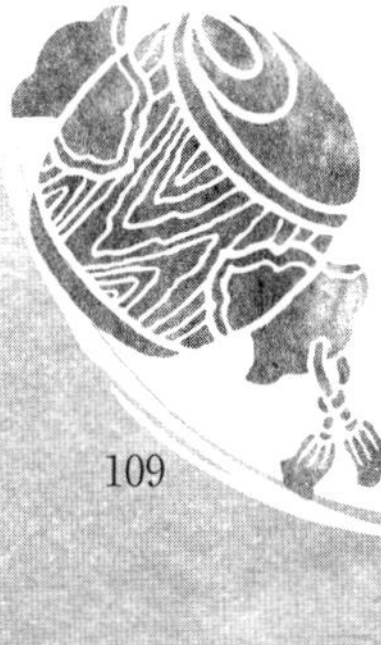

第14回

「意思疎通をしながら互いの持ち味を生かす…それが団体競技」

よみがえるノムラの金言
野村克也さんが本紙に残した数々の語録を振り返る
だろうは禁物
確認に確認を重ねる
やってくれるだろう…
分かっているだろう…
同点の九回2死一塁で代走・鈴木尚も長野が初球凡打
なぜ首脳陣は「走るまで打つな」の指示を出さなかったのか？
鈴木尚も「走るまで待ってほしい」と意思表示したのか？
コミュニケーションはどんな仕事でも基本中の基本

［2020年7月14日掲載］

「まさか」の不安的中

ノムさんの〝つぶやき〟が忘れられない。

「まさか初球から、打たないだろうな…」

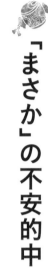

わずか数秒後、不安は的中し、ゲームセット。

2012年5月10日の巨人－DeNA（東京ドーム）。大型評論『ノムラの考え』は、3時間31分の接戦の、最後の1球がテーマになった。1―1の九回裏、巨人の攻撃。2死からジョン・ボウカー選手が死球で出塁し、代走に鈴木尚広選手。ここで打者・長野久義外野手が初球、山口俊投手の外角低めの直球を引っかけて、遊ゴロ。

〃3時間半〃ルール

当時は、前年の東日本大震災による電力不足のため、3時間30分を超えて延長に入らないルール。この時点で、引き分けに終わっている。

「初球打ちの全てが悪い、というわけではない。しかし、このケースでは」

ノムさんはセオリーを添えて、不満を列挙していった。

まず一走・鈴木尚は、足のスペシャリストで、代走の切り札。二盗させて、一打サヨナラのチャンスを作りたい。したがって、長野は鈴木尚が走るまで待つべきだ。極端にいえば、2ストライクを取られるまで、待ってもいい。

山口はクイックモーションがうまく、走るのは無理と判断したのなら、早打ちも分かるが、決してうまくはない。クイックの技量が「上・中・下」のうち「中」以下なら、足の速い方が勝つ。

また、2死一塁から1点を取るには二塁打以上が必要、という意味で、長野が長打にできる高めの甘い球を狙うのなら、まだ分かる。最も長打になりにくい外角低めに手を出しては、いけない。

さらに、**「これは打者の責任だけではない」**と論点を広げる。なぜ首脳陣は**「走**

るまで打つな」の指示を出さなかったのか？　鈴木尚も**「走るまで待ってほしい」**と意思表示をしたのか？　と疑問を呈した。その下敷きは、監督としての経験則。

代走に起用する選手には**「この投手は走れそうか」**と聞いた。その上で「待て」か「打て」か、サインを決めた。同時に打者にも**「打ってもいいかどうか、分からなかったら聞きにこい」**と、口すっぱく言った。やがて、選手の方から**「1球目から打ってもいいですか」**と、必ず聞いてくるようになったという。

「常に意思疎通をしながら、チームメートとして、互いの持ち味を生かし合う。足のスペシャリストには、盗塁という仕事の場を与える。それが団体競技ではないか」

仮に鈴木尚が二盗に失敗しても、あるいは長野が2ストライクまで待って、結果的に打ち取られても、それは手を尽くした上での納得のいく終わり方。逆にその方が、選手同士の信頼感は高まり、1つのチームとして高いレベルに進める——と説いた。

そして、金言。

「分かっているだろう…。やってくれるだろう…。この『だろう野球』は禁物だ。確認に確認を重ねることは、どんな仕事でも、基本中の基本である」

サンケイスポーツ編集局にも「ほうれんそう（報・連・相）」というポスターが貼られている。「報告・連絡・相談を怠るな」との戒めだ。今はコロナ禍の影響で、テレワークやリモート会議などが増え、上司と部下の距離がますます遠くなっている。コミュニケーションだけは、密に。

ノムラの金言

「分かっているだろう…。
やってくれるだろう…。
この『だろう野球』は禁物だ。
確認に確認を重ねることは、
どんな仕事でも、
基本中の基本である」

第15回

ベンチは休憩して談笑する所ではない

サンスポ
ノムラの金言
野村克也さんが本紙に残した数々の語録を振り返る
ベンチは休憩して
談笑する所ではない
大谷5打席凡退、その都度ベンチでニコニコ
「とても打者向きの性格だとは言えない」
相手投手観察し調子見極め配球を読み、次の打席に生かす場

［2020年7月21日掲載］

〝二刀流〟を評論

海の向こうから、大谷翔平の話題が連日のように飛び込んでくる。

2シーズンぶりに〝二刀流〟が復活。日本時間2020年7月25日にはDHで、同27日には投手で出場するという。期待感は日増しに高まっている。その

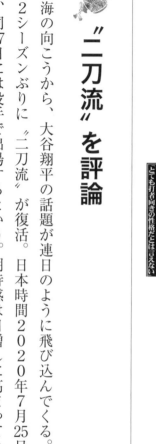

大谷が日本ハムに入団した1年目。まだ「投手か打者か」の議論が盛んだった頃。ノムさんにも〝輪〟に加わってもらった。13年6月5日、巨人─日本ハム（東京ドーム）の『ノムラの考え』の言葉から。

もちろん「現段階の力量から見て」という大前提を掲げた上で**「投手１本でいくべきである」**と進言している。それは主に、打者としての適性を分析する形で語られていった。

まず、追い込まれたら打てない。フォークボールには対応できず、高めのつり球、空振りゾーンにも手を出す。さらに、引っ張れないと指摘した。四回無死一塁。走者を進めるため、思い切って右方向へ引っ張れる場面でさえ、甘い直球を左翼寄りの浅い中飛にしたことに着目。１９３センチの長身（当時）で、腕も長いため、コンパクトに腕をたたんでさばく動作は、難しくなると理由を挙げた。

引っ張れぬ打撃

「それが実は、日本で過去、長身の大打者が生まれていない要因だと思っている」

つまり「打者向きではない」というわけだ。

補足として「そもそも野球とは」。投手が球を投げなければ始まらないスポーツであり、投手には好きなところに球を投げる権利がある。**「大谷の性格に合っているのは、そうした投手の優位性だ」**——とも付け加えている。

なぜか。

「そう断じたもう1つの大きな理由は、別のところにある。ベンチでの姿勢である」

ここからが、今回のテーマ。

大谷が５打席とも凡退し、その都度、ベンチに戻っては、ニコニコ笑っていたことをノムさんは見逃さなかった。特に二回無死一塁で三振したときと、先述の四回無死一塁で中飛に倒れたときだ。いずれの場面も、最低でも走者を二塁に進める責任が、打者にはある。それを全うできなかった者が笑っていて、いいのか？　失敗にうちひしがれ、頭を抱えるのが普通ではないのか？

厳しい言葉を投げ掛け**「とても打者向きの性格だとは言えない」**と重ねて強調した。

そして、金言。

「野球におけるベンチという場所は、決して休憩して談笑する所ではない。相手投手をじっくりと観察し、調子を見極め、配球を読み、次の打席に生かす場なのである。そうした向上心、研究心が進歩につながるのである」

コロナ禍のプロ野球

はじめに説明した通り、あくまで13年当時の「力量からみて」論じてもらったものだ。また、今さら二刀流の是非を問うものでもない。

20年のプロ野球では無観客、入場制限と続き、試合中、ベンチ内での選手の言動に注目が集まっている。表面では、大声を出し、チームを鼓舞する。その裏では、次打席への準備に余念がない。そんな選手たちの内面を想像してみては？

ノムさんが、ひそかな楽しみ方を教えてくれていたように思う。

ノムラの金言

「野球におけるベンチという場所は、
決して休憩して談笑する所ではない。
相手投手をじっくりと観察し、
調子を見極め、配球を読み、
次の打席に生かす場なのである。
そうした向上心、研究心が
進歩につながるのである」

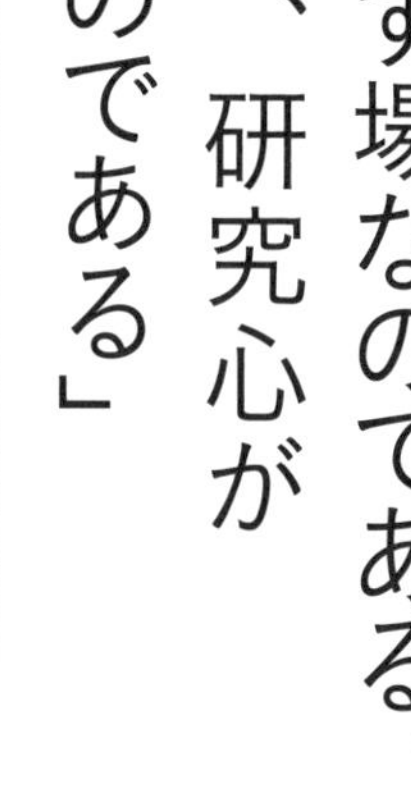

第16回

「盗む」のはベースではない投手のモーションである

野村克也さんが本紙に残した数々の語録を振り返る

よみがえる ノムラの金言

第16回

盗むのはベースではない 投手のモーションである

盗むとは？　防ぐとは？　もちろん、犯罪ではなく野球の話。２月11日に急逝した野村克也さん（享年84）が、サンケイスポーツ専属評論家として本紙に残した金言を振り返るヘリテージ（遺産）連載。今回は「盗むのはベースではない」。この設問と答えの意味や、いかに。

（構成＝内井義隆）

2018年11月3日　広島―ソフトバンク「ノムラの考え」より

ソフトバンクが広島を下した2018年の日本シリーズで、甲斐は６度の盗塁を刺す活躍を見せ、ＭＶＰを受賞した

６度刺し日本シリーズＭＶＰも「甲斐だけの殊勲ではない」

境遇似ている捕手の後輩

実は快足・福本がヒントくれた

通算1065盗塁を記録した福本豊（右）の存在が、バッテリーの盗塁阻止術を向上させたという。左は南海時代の野村さん＝1975年８月14日

南海監督時代クイック考案

福本豊（ふくもと・ゆたか）1947（昭和22）年11月7年生まれ、72歳。大阪府出身。大鉄高（現阪南大高）、松下電器を経て69年ドラフト7位で阪急入団。2年目の70年から82年まで13年連続で盗塁王を獲得。83年に当時のMLB記録を上回る939盗塁を記録。通算成績は2401試合に出場し、打率.291、208本、884点、1065盗塁。88年に現役引退。2002年に殿堂入り。169㌢、68㌔。左投げ左打ち。

［2020年７月28日掲載］

境遇が似ている後輩

盗む。刺す。殺す……。ミステリー小説かと間違えるくらい、野球用語には物騒なものが多い。その文字の裏に潜む真実を〝名探偵〟ノムさんが解き明かしてくれた。

２０１８年11月３日の『ノムラの考え』。日本シリーズ第６戦で、ソフトバンクが広島を４勝１敗１分けで下し、日本一になった試合だ。このシリーズは「甲斐キャノン」一色。ソフトバンク・甲斐拓也捕手が、広島の企てた６度の盗塁を全て刺し、ＭＶＰに輝いたからだ。

ノムさんも、その二塁送球術を称賛した。６度刺したうち、左打者が打席に立っていたのは５度。通常なら打者が邪魔になって投げにくいケース。しかし、甲斐は捕球すると瞬時に、三塁側へステップできる。フットワークのよさが正しい送球姿勢につながり、コンパクトなスローイングと、正確なコントロールを生む。盗塁を刺すのは「肩」ではなく、まず「足」だ、と解説した。

実は以前から、気にかける存在だった。

ノムさんはテスト生で、ソフトバンクの前身球団・南海に入団。甲斐は育成ドラフトで入団。ともに母子家庭で育った。境遇が似ている上に、甲斐はノムさんの著書を読みふけっていることでも有名。この年の春季キャンプでは、対談が実現している。

そんなホークスの捕手の後輩が、大舞台でお立ち台。さすがに今回は、賛辞のオンパレードかと思いきや…。

「盗塁刺は、決して甲斐だけの殊勲ではない。投手との共同作業であることも、忘れてはいけない。盗塁刺のカギの8割は、投手が握っているのだ」

と、推理を意外な方向に導いた。まず、ソフトバンク投手陣はクイックモーションがうまく、走者への目配り、気配りも効いていた。けん制球も複数のパターンを交え、走者のスタートを遅らせていた、と評価。

南海監督時代にクイックを考案

　ここから、南海の監督を務めていた1970年代の述懐。投手陣に**「小さいモーションで投げろ」**と指示し、徹底的に練習させたという。それこそが、現在のクイックモーションだ。

　さらに、走者のクセにも着目。盗塁しようとするとき、右足のつま先の向きの角度は？　右足と左足の体重のかかり具合は？　細かい動きまで、洗いざらい調べ上げた。

　なぜか。72年に106盗塁をマークするなど、世界的な記録を樹立した阪急・福本豊外野手の足を封じるためだ。しかも、その手がかりになったのは――。

「ノムさん、盗塁にキャッチャーの肩は関係ありませんよ。ピッチャーのモーションですよ」。何と、当の福本からの〝タレコミ〟だったそうだ。

そして、金言。

「盗塁という文字だけを見れば、ベースを盗むこと。実際に盗むのはベースではなく、投手のモーションである」

南海でノムさんとバッテリーを組んだ江本孟紀氏（サンケイスポーツ評論家）も7月17日にニッポン放送のナイター中継で、**「福本はいわば〝教師〟だった。年間で１００個も盗塁する選手がいたからこそ、バッテリーの盗塁阻止術も向上した」**と証言している。

用語の裏に、また技術革新の裏に、隠された真実あり。

球史は長く、深く、優れた小説のように、面白い。

PROFILE

福本 豊（ふくもと・ゆたか）
1947（昭和22）年11月7日生まれ。大阪府出身。大鉄高（現阪南大高）、松下電器を経てドラフト7位で69年阪急入団。2年目の70年から82年まで13年連続で盗塁王を獲得。83年に当時のMLB記録を上回る通算939盗塁を記録。通算成績は2401試合に出場し、打率.291、208本塁打、884打点、1065盗塁。88年に現役引退。2002年に殿堂入り。169センチ、68キロ。左投げ左打ち。

ノムラの金言

「盗塁という文字だけを見れば
ベースを盗むこと。
実際に盗むのはベースではなく、
投手のモーションである」

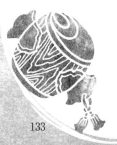

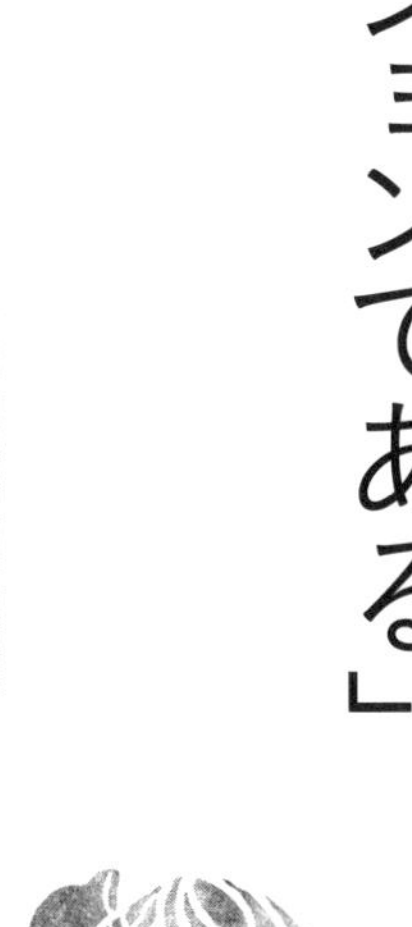

第3章

（8月4日～9月29日の紙面から）

勝負師としての心構え

第17回

試合とは力の試し合いであって、決してなれ合いではない

「試合とは、力の試し合いであって、決してなれ合いではない。」

野村克也さんが本紙に残した数々の語録を振り返る

よみがえる ノムラの金言

第17回

「試合とは？」。おっと、根本的なクエスチョン。2月11日に急逝した野村克也さん（享年84）が、サンケイスポーツ専属評論家として本紙に残した言葉には、つくづく考えさせられるものが多い。今回の結論は、プロ野球のペナントレースに願うこと。（構成・内井義隆）

王者を倒す。優勝を狙う。勝負事の原点に立ち返ってもらいたい

2013年、開幕直前。セ順位予想にて…巨人包囲網のススメ

勝負事のだいご味

ノムさんは、現行制度がもたらす風潮を嘆きながら、勝負事のだいご味を改めて訴えていた。

2013年3月末の『ノムラの考え』。試合の評論ではなく、ペナントレース開幕直前の恒例企画、順位予想のセ・リーグ編だ。

いつもは「順位予想は苦手や」と頭を抱え、ウンウンとうなり、予想をひねり出していたものだ。しかしこのシーズンは、迷いなく、巨人を優勝候補に挙げている。

前年に86勝43敗15分け。きっちり2勝1敗ペースの勝率・667。2位・中日に10・5ゲーム差をつけて優勝し、日本一にもなった。

2013年3月28日付本紙

「戦力は、うらやましい限りであり、とても優勝予想からは外せない」

その戦力とは実際、ホレボレするもの。

先発投手陣が内海哲也（前年15勝で最多勝）、杉内俊哉、ホールトン（いずれも同12勝）、沢村拓一（同10勝）に、即戦力新人の菅野智之。

打線は阿部慎之助（前年打率・340で首位打者）、長野久義、坂本勇人（いずれも同173本で最多安打）を中心に、村田修一、高橋由伸。投打ともに充実のラインアップだった。

予想からセ5球団へ激励

「したがって私は、他チームにエールを送る。巨人の独走許すな、と」

ノムさんは、予想から叱咤激励へとシフトチェンジしている。

まず、2位に推したのが阪神。「巨人と並ぶ伝統球団には、球界を引っ張っていく使命がある」と、ハッパをかけた。

阪神と並んで前年BクラスだったDeNAと広島にも、奮起を促した。

「下位チームが上位を食うことが、ペナントレースを面白くする最大の要因」と、下克上に期待。

中でも着目したのが、5年連続で最下位に沈んでいたDeNA。中畑清監督が早々に「巨人たたき」を宣言し、巨人に相性のよいソト（前年中日）を最初のカードからぶつけると公表。広島も、エースの前田健太を巨人との開幕3連戦で登板させる姿勢を示した。

「それこそ、私が待ち望んでいたもの。巨人包囲網である」と、ノムさんは膝をたたいた。「エース級や相性のよい投手を巨人戦中心に回す。各球団の歩調が合い、包囲網を敷く形になれば、昨年のように早々とペナントレースの興味が薄れることもあるまい」と。

CSの弊害も指摘

同時に、「3位に入るため、下位球団から勝ち星を稼げばいいという風潮が感じられ、残念に思っていた」とクライマックスシリーズ（CS）による弊害も指摘した。

そして、金言。

「試合とは、力の試し合いであって、決してなれ合いではない。王者を倒す。優勝を狙う。勝負事の原点に立ち返ってもらいたい」

その思いは届いたか？

今季も巨人が独走…しかもセにはCSがない…

結果は、巨人が84勝53敗7分け。2位・阪神に12・5ゲーム差をつけ、ぶっちぎりで優勝。

そういえば今季も、4分の1しか消化していない段階で、早くも巨人が独走状態。しかもセには、CSがない…。

2013年9月22日、リーグ優勝を決めて原監督を胴上げする巨人ナイン。野村さんの訴えた"包囲網"を破っての栄冠だった

パでも大号令

ノムさんはパ・リーグ編でも、選手たちにエール。日本ハムの新人、大谷翔平＝写真＝の名を挙げ、「きのうまで高校生だった若者に二刀流成功を許してはならない。プロとしてのプライド、意地を見せるときだ」と大号令。「これは日本ハムの選手にも言える。俺に投げさせろ、打たせろ、

「大谷の二刀流成功を許すな」

という気概を忘れてはいけない。それが大谷のためであり、プロの実力を世間に知らしめることにもなる」と力説した。ちなみにこの年の大谷は3勝0敗、打率.238、3本塁打。新人王は15勝8敗の楽天・則本。

［2020年8月4日掲載］

勝負事のだいご味

ノムさんは、現行制度がもたらす風潮を嘆きながら、勝負事のだいご味を改めて訴えていた。2013年3月末の『ノムラの考え』。試合の評論ではなく、ペナントレース開幕直前の恒例企画、順位予想のセ・リーグ編だ。

いつもは「順位予想は苦手や」と頭を抱え、ウンウンとうなり、予想をひねり出していたものだ。しかしこのシーズンは、迷いなく、巨人を優勝候補に挙げている。

前年に86勝43敗15分け。きっちり2勝1敗ペースの勝率・667。2位・中日に10・5ゲーム差をつけて優勝し、日本一にもなった。

「戦力は、うらやましい限りであり、とても優勝予想からは外せない」

その戦力とは実際、ホレボレするもの。先発投手陣が内海哲也（前年15勝で最多勝）、杉内俊哉、ホールトン（いずれも同12勝）、沢村拓一（同10勝）に、即戦力新人の菅野智之。一方の打線は阿部慎之助（前年打率・340で首位打者）、長野久義、坂本勇人（いずれも同173本で最多安打）を中心に、村田修一、高橋由伸。投打ともに充実のラインアップだった。

予想から叱咤激励

「したがって私は、他チームにエールを送る。巨人の独走を許すな、と」

ノムさんは、予想から叱咤激励へとシフトチェンジしている。
まず、2位に推したのが阪神。「巨人と並ぶ伝統球団には、球界を引っ張っていく使命がある」と、ハッパをかけた。阪神と並んで前年Bクラスだった DeNAと広島にも、奮起を促した。「下位チームが上位を食うことが、ペナントレースを面白くする最大の要因」と、下克上に期待。

中でも着目したのが、5年連続で最下位に沈んでいたDeNA。中畑清監督が早々に「巨人たたき」を宣言し、巨人に相性のよいエンジェルベルト・ソト（前年中日）を最初のカードからぶつけると公表。広島も、エースの前田健太を巨人との開幕3連戦で登板させる姿勢を示した。**「それこそ、私が待ち望んでい**

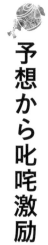

たもの。巨人包囲網である」と、ノムさんは膝をたたいた。
「エースや相性のよい投手を巨人戦中心に回す。各球団の歩調が合い、包囲網を敷く形になれば、昨年のように早々とペナントレースの興味が薄れることもあるまい」

CSの弊害を指摘

同時に、「3位に入るため、下位球団から勝ち星を稼げばいいという風潮が感じられ、残念に思っていた」とクライマックスシリーズ（CS）による弊害も指摘した。

そして、金言。

「試合とは、力の試し合いであって、決してなれ合いではない。王者を倒す。優勝を狙う。勝負事の原点に立ち返ってもらいたい」

その思いは届いたか？　結果は巨人が84勝53敗7分け。2位・阪神に12・5ゲーム差をつけ、ぶっちぎりで優勝。そういえば今季も、4分の1しか消化していない段階で、早くも巨人が独走状態。しかもセには、CSがない…。

ノムラの金言

「試合とは力の試し合いであって、
決してなれ合いではない。
王者を倒す。優勝を狙う。
勝負事の原点に
立ち返ってもらいたい」

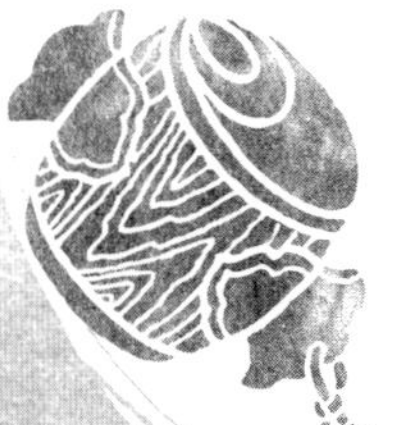

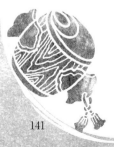

パでも大号令!
「大谷の二刀流成功を許すな」

2013年のノムさんはパ・リーグ編でも、選手たちにエール。日本ハムの新人、大谷翔平の名を挙げ、「きのうまで高校生だった若者に二刀流成功を許してはならない。プロとしてのプライド、意地を見せるときだ」と大号令。「これは日本ハムの選手にも言える。俺に投げさせろ、打たせろ、という気概を忘れてはいけない。それが大谷のためであり、プロの実力を世間に知らしめることにもなる」と力説した。ちなみにこの年の大谷は3勝0敗、打率.238、3本塁打。新人王は15勝8敗の楽天・則本昂大だった。

第18回

負けているときこそ「勝負」を。〝動かなかった〟星野監督

よみがえる ノムラの金言
第18回
負けているときこそ「勝負」を
ベンチが消極的であってはならない
13年10月30日…巨人―楽天の日本シリーズ第4戦
1点を追う八回2死一塁…動かなかった星野監督
野村克也さんが本紙に残した数々の語録を振り返る
モーションの大きい外国人投手相手…走者は前年盗塁王
「当然、走るものだと思っていたら…」くぎ付けのまま
シリーズの行方を「左右してもおかしくない1点差負け」だった

［2020年8月18日掲載］

腑に落ちない場面

ノムさんは「勝負ごころ」とは何かを、しばしば語っていた。

一見するとギャンブル。実体は、理論に裏打ちされた積極的なチャレンジ。

スポーツでは常に、その姿勢が求められると、２０１６年11月22日付の大型連載『ノムラのすべて』でも力説している。

「私が評論した試合で、今でも腑に落ちないシーンがある」と紹介したのは、13年10月30日、巨人─楽天の日本シリーズ第４戦（東京ドーム）だった。

１点を追う楽天は八回、２死から聖沢諒外野手が四球で出塁した。聖沢は前年12年の盗塁王で、足のスペシャリスト。マウンドには、大柄でモーションの大きいスコット・マシソン投手。

攻撃のセオリー

「当然、走るものだと思っていたら…」。聖沢は一塁にくぎ付け。後続も倒れ、試合も５─６で落とした。星野仙一監督率いる楽天は、最終的に日本一になったとはいえ、**「あの１点差負けは、シリーズの行方を左右してもおかしくない**

ものだった」と苦言を呈している。

そもそも、走者一塁という状況での攻撃のセオリーは、無死なら送りバント、1死ならヒットエンドラン、2死なら盗塁。聖沢のケースは2死一塁で、まさに盗塁という場面だ。

二盗を仕掛ける指標

俊足の走者、モーションの大きい投手と、条件もそろっていた。投手のクイックモーションの技量が「上・中・下」のうち「中」以下なら、足の速い走者が勝つものだ。特に、相手投手がリリーフエースの場合、常識的に考えて、連打や長打は望めない。普通に攻めて、逃げ切られるのであれば、盗塁をからめて勝負に出る。そう割り切ることが必要だ——。

ノムさんは経験則を基に話を進め、二盗を仕掛ける指標も掲げた。

❶一～二回で3点以上リードされているとき、90％の確率で成功可能なら、走ってよい。

❷六回まで2点以内のリードをされていたら、１００％成功可能なときだけ。

❸七回以降で僅差でリードされているときは、カウントがよい、クセや油断やスキを見い出した、好スタートが切れる――などをよく吟味して。

❹走者が判断しかねるときは、ベンチの確認をとる。

本当の勝負とは？

「これらを頭に入れて、積極的にチャレンジしてもらいたい。積極的に、とは選手に限った話ではない。まずベンチが、消極的であってはならない」と強調した。

そして、金言。

「同点、もしくはリードしているときにしか走らせない、というのなら、それは『勝負』と呼べない。失敗してもスコアがひっくり返ることはないからだ。負けているときこそ『勝負』なのである」

さて、ご同輩。日々の暮らしで、人生で、どこに勝負をかけますか？

ノムラの金言

「同点、もしくはリードしている
ときにしか走らせない、というのなら、
それは『勝負』と呼べない。
失敗してもスコアが
ひっくり返ることはないからだ。
負けているときこそ
『勝負』なのである」

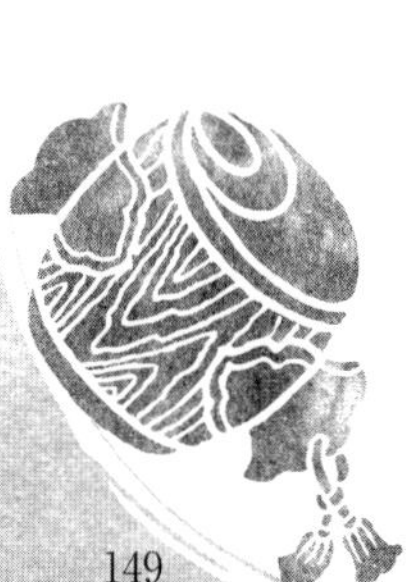

第19回

これで負けたら
俺を監督にした
球団の責任

慎重になりすぎ

理論派。知将。データ野球の先駆者。ノムさんには、どこか仰々しい代名詞がついて回る。一方で、人間的な、もっといえばサラリーマン的な思考回路も、ときに披露してくれた。

野村克也さんが本紙に残した数々の語録を振り返る

これで負けたら
俺を監督にした球団の責任

14年4月18日　巨人－中日　プレーイングマネジャー谷繁への助言

よみがえる ノムラの金言　第19回

「もっと伸び伸びした考え方が、あってもよい」

捕手兼任監督の南海時代　開き直りで好循環

［2020年８月25日掲載］

やっぱり、そうでしたか？

思わず突っ込んでしまったのは、2014年4月18日、巨人―中日（東京ドーム）の『ノムラの考え』だ。ことわっておくと、この評論もいつも通りのシビアなタッチで、プレーイングマネジャーでもある中日・谷繁元信捕手へ向けて、スタートした。

一回に四球、二回も四球、三回は安打と、3イニング連続で先頭打者を出塁させ、走者を気にしては、また走者をためられ、痛打を浴びた。三回までに5失点で、勝負あり。

先発した若手投手が、強力な巨人打線を前にして、慎重になりすぎ、自らにプレッシャーをかけるかのような崩れ方をした。まだ発展途上で、明らかに荷が重かった、と評している。

「しかし私は、未熟さだけでなく、窮屈さも感じた。もっと伸び伸びした考え方が、あってもよい」と、ここから谷繁兼任監督への助言へと進んだ。

言うまでもなくノムさんも、1970―77年に南海（ソフトバンクの前身球団）で捕手兼任監督だった。その体験談が、興味深い。

当時の南海投手陣は**「監督の出すサインには首を振れませんけど、打たれたら監督の責任ですから、気は楽です」**と口笛を吹いていたそうだ。

エースの江本孟紀投手（サンケイスポーツ評論家）をはじめ、気の強いタイプが多かったことも確かだ。同時にその考え方は、真理を突いているという。サインが出たら、ミットを目がけて投げるだけ。責任は自分にないのだから、小手先の投球にはならず、しっかり腕も振れる。おのずと球威もコントロールも、変わってくる。

投げやすい環境

捕手が監督ということは、投手にとって、実は投げやすい環境にある。それを投手に言い含めてやればよい。責任は俺にあるから、思い切ってこい――というわけだ。そして、「私は私で、心の中でこう、つぶやいていた」と明かしたのが、今回の金言。

「これで負けたら、俺を監督にした球団の責任だわい」

やっぱり、開き直っていましたか。**「おかげで、私が迷わずサインを出し、投手も迷わず投げ込んでくるから、好循環になっていたのは間違いない」**と、笑いながら振り返る。

責任は上司に⁉

特にノムさんは監督、捕手、さらに4番打者。一人三役の重責をすべて背負い込んだら、心も体も、もたなかったはず。敵はわれにアリ。責任は上司にアリ(⁉)。

さて、ご同輩。たまにはひとつ、肩の力を抜いてみましょう。

ノムラの金言

「これで負けたら、俺を監督にした球団の責任だわい」

第20回

肩の力を抜け、と言っても無駄。「膝をやわらかく使え」

野村克也さんが本紙に残した数々の語録を振り返る　毎週火曜日掲載予定

肩の力を抜け、と言っても無駄

2015年・日本シリーズ　リキむヤクルト打線に向けて語った言葉

よみがえる ノムラの金言　第20回

効果的なアドバイスとは――。2月11日に急逝した野村克也さん（享年84）が、専属評論家としてサンケイスポーツに残した言葉を振り返るヘリテージ（遺産）連載。2015年の日本シリーズでは、リキむ打者に向けて「肩の力を抜け、と言っても無駄」と語っていた。では、その場合の正解は？

（構成・内井義隆）

「膝をやわらかく使え」

「脚から始動させることに集中すれば体の回転でコンパクトにスイングできる」

2015年10月28日の日本シリーズ第4戦、九回に空振り三振したヤクルト・雄平のスイングに“リキみ”を見た

［2020年9月1日掲載］

形勢不利な状況で

さっそく、補足させていただく。第19回で原稿をこう、締めた。ご同輩。たまにはひとつ、肩の力を抜いてみましょう――。

ノムさんが南海で、捕手兼任監督を務め「監督の出すサインには首を振れませんけど、打たれたら監督の責任ですから、気は楽です」と投手陣に言われた体験談を基に、いわば開き直りの術を紹介した。ノムさんも**「これで負けたら、俺を監督にした球団の責任だわい」**。互いに開き直っていたから、思い切って勝負できた。仕事上、少し肩の力を抜いてみては…という意味で使った。

この「肩の力を」も、試合中のアドバイスとしては適切とは限らない。ノムさんがそう教えてくれたのは、２０１５年10月28日の『ノムラの考え』。ヤクルトーソフトバンクの日本シリーズ第４戦（神宮）だった。

１勝２敗と形勢不利なヤクルトが、４―６とリードされて迎えた九回２死一、二塁。雄平外野手がサファテ投手のストレート、それも高めのボール球に手を出して、空振り三振に終わった。

あの言葉を思い出せ

「長打なら同点。本塁打ならサヨナラ勝ち。打者がリキむのも無理はない」と

ノムさんも天を仰いでいる。

しかも、サファテは193センチの長身から、155キロ超の速球を投げる力投型。このタイプが相手だと、投球フォームに合わせて、打者はますます力が入る、と解説。さらに、雄平はカウント2―1からも速球を3球、ファウル。その姿はまさにオーバースイング。明らかに肩に力が入りすぎ、と指摘。

「こういうときこそ、あの言葉を思い出せ」と残念がった。

強力オーダーが手玉に

実は、第1戦で武田翔太投手に2失点完投を許したとき、同じ現象を評論し

ていたからだ。武田も186チセン《センチ》と長身で、ストレートと縦のカーブを真っ向から投げ下ろすタイプだ。
対してヤクルトは、畠山和洋内野手が打点王、山田哲人内野手が本塁打王、川端慎吾内野手が首位打者と、打撃タイトル独占の強力オーダー。しかし、それが悪い方に作用した。ストレートとカーブ主体というシンプルな組み立てても手伝って、気負いとリキみが先に立ち、強引に打ちにいき、凡打の山を築いている。

第1戦の二の舞い

その第1戦に続き、第4戦でも飛び出したのが今回の金言。ベンチから選手にかけるべき言葉とは——。

「肩の力を抜け、と言っても無駄だ。それでは、ますますリキむ。膝をやわら

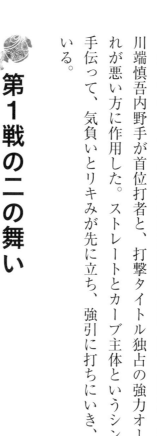

かく使え。これが正解である」

肩に意識が向かうと逆に、肩に余計力が入る。膝を使い、打撃フォームを脚から始動させることに集中すれば、自然と上半身からリキみが消え、体の回転でコンパクトにスイングできる。そうした原理だという。ヤクルトは結局、1勝4敗で日本一を逃した。

さて、ご同輩。アドバイスや気の持ち方を、ちょっと変えると、違う世界が見えてくるかも。

ノムラの金言

「肩の力を抜け、
と言っても無駄だ。
それでは、ますますリキむ。
膝をやわらかく使え。
これが正解である」

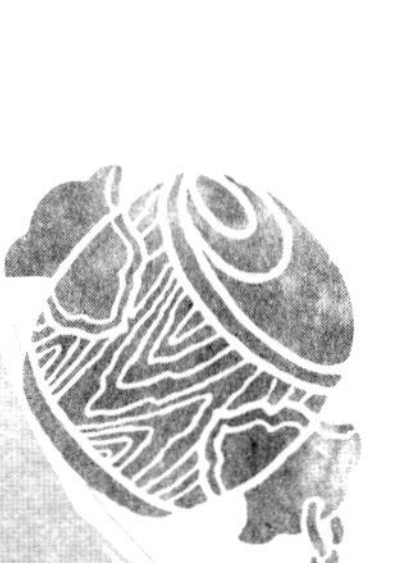

第21回

謙虚な姿勢も時と場合によっては…怒鳴りながら連呼しろ

野村克也さんが本紙に残した数々の語録を振り返る　毎週火曜日掲載予定

よみがえる　ノムラの金言　第21回

怒鳴りながら、連呼しろ

2014年3月30日　フライ追って福留と衝突した西岡が救急搬送　「二度と起こらぬように」

外国人選手に比べ日本選手は声の連係が下手

単に「オーケー」では足りない

［2020年9月15日掲載］

前進する方が捕球

グラウンドに救急車が乗り付け、選手が病院に搬送される。ショッキングなシーンを、記憶している方も多いはず。

ノムさんも**「負傷した選手の回復を望むしかない」**と心配そうに見つめつつ、**「しかし、こういうことが二度と起こらぬよう、心を鬼にして言わせてもらう。何がいけなかったのか。どうすれば防げるのか」**と、ペンを執ったのが、２０１４年3月30日の巨人―阪神（東京ドーム）。『ノムラの考え』だった。

問題の場面は二回、巨人の攻撃。２死一、二塁で打者・大竹寛投手の打球は、フラフラと上がったフライ。これを追った阪神の西岡剛二塁手と福留孝介右翼手が、衝突。西岡が救急車で搬送、となった。「こうした打球への対処の基本は…」と、ノムさんがレクチャー。

その声は届いていたか？

まず、前進する方が捕球すること。下がりながら追うより、体勢は崩れず、打球も見やすく、一直線に落下地点へ向かえる。それでもなお、落下地点がどちらになるか微妙で、2人とも追い続けている場合は、先に「オーケー」と声を発した方が、捕球すること。福留も試合後に、「声を出した」と言っていたが…。

「果たしてその声は届いていたか。西岡の追い方を見る限り、そうではなかったように思う」

と、4万5000人超の大観衆の中でのプレーだったことも踏まえながら、強調したのが、今回の金言だった。

2つのメリット

「単に『オーケー』と発するだけでは足りない。なまやさしい声では、かき消される。怒鳴るくらいの大声を出し、その上で、『オーケー』を最低でも3連呼しなければならない」

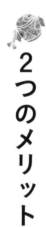

3連呼すれば、さすがに相手の耳には届く。さらに、3連呼した方は、体で前進するだけでなく、気持ちも前進することになる。自分が捕るという意思と責任感も、前面に出ていくというメリットも生まれる――と付け加えた。

危機管理の徹底を

ノムさんの経験上、外国人選手には、この教育がたたき込まれているそうだ。フライが上がれば、野太い声で**「オレが捕る」**を連呼し、どちらかが声を出した時点で、もう1人は体を反転させ、捕球する方の邪魔にならないよう、視界から消える。プレー上の危険回避、危機管理が、徹底されていると指摘。

「それに比べて日本人は、声の連係プレーが下手だと言わざるをえない。生来の謙虚さからなのか。照れくささが先に立つのか。はたまた、ＩＴの発達など、

生活の変化によって、声を出す機会自体が減っているからか…」と嘆いている。

伝えるべきことは、大きな声で、連呼してでも、伝える。実社会でもそういうケースは、結構あるように思う。

ノムラの金言

「単に『オーケー』と
発するだけでは足りない。
なまやさしい声では、かき消される。
怒鳴るくらいの大声を出し、
その上で『オーケー』を
最低でも3連呼
しなければならない」

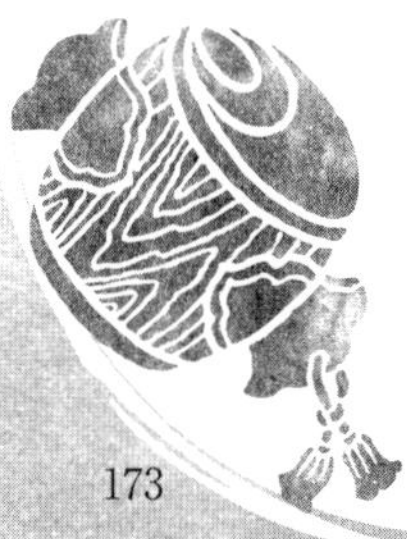

第22回

「速い球」「奪三振」自己満足を捨てコントロールから見直せ

不調ではない

巨人からロッテに電撃移籍し、リリーフとして復活を遂げたのが沢村拓一投手。いまやパ・リーグの優勝争いを盛り上げる存在にもなっている。その沢村の投球を分析すると同時に、投手全般の心情をも鋭く突いた評論があった。

野村克也さんが本紙に残した数々の語録を振り返る

欲から入り、欲から離れる

2012年6月23日 バレンティンに初球被弾した沢村

よみがえる ノムラの金言 第22回

「速い球」「奪三振」自己満足を捨て コントロールから見直すべきだ

[2020年9月29日掲載]

2012年6月23日、巨人―ヤクルト（東京ドーム）の『ノムラの考え』だ。

当時の沢村は先発で、前年の11年が11勝11敗、防御率2・03で新人王。12年はこの時点で4勝7敗。直近の5試合では0勝4敗。なぜ勝ち星が伸びないのか、との疑問に、ノムさんは即答している。

「私の目には、決して不調とは映らなかった。考えられる原因は、欲が先行し、結果ばかりを追うため、コントロールを乱していることだ」

一回、先頭のラスティングス・ミレッジに四球。カウント2―2から直球が決まらず、最後はスライダーで歩かせた。送りバントをはさみ、3番・川端慎吾には0―2と追い込んでから、直球系で押し、ファウル、ボール、ボール。苦し紛れのスライダーを中前に先制打された。

いずれも〝力〟で押し、打ち取りきれなかった末に、だった。

結果を求めすぎ

なおも、奪三振という〝欲〟を追って手痛い一発を浴びたのが、5番のバレンティンに対する初球だと指摘した。アウトカウントは2つ。最も警戒すべきは長打。外国人打者は超積極的で、制球眼は悪い。以上を踏まえ、初球から「勝負」、あるいは「誘う」べき場面だと、状況判断の材料を提示。

しかし、沢村はカウントを「稼ぐ」から入った。初球、外角を狙ったスライダーが甘く入り、2ラン。低めへ落とすとか、外角へ大きく外すといった明確な意図は感じられず、ストライクゾーンへ置きにいった。三振を取りたい。早く打ち取りたい。欲と結果を求めすぎる――と嘆いている。

ここから、ノムさんの経験則。数多くの投手に聞いてみると、ほとんどが**「速い球を投げたい」「ストレートで三振を取りたい」**と、無意識のうちの欲を持っていたという。

「150キロのど真ん中と、130キロの外角低め、どちらが打ちにくいか」。ノムさんの持論では、正解は後者。

打者が直球を待っているときに、直球で空振りを取れるのが、真の速球派で、現役時代に球を受けた中で、それができたのは南海・杉浦忠くらいだったと振り返る。

通常は、スピードよりコントロール。そこを理解してくれない投手が多かったそうだ。コントロールを重視すれば、バランスに気を付ける。バランスがよくなれば、理にかなったフォームとなる。すると逆に、球のスピードも増す。一連の相乗効果も挙げて、こう助言した。

「速い球、奪三振などといった自己満足の欲は捨て、謙虚に、コントロールから見つめ直すべきだろう」

そして、金言。

「プロの世界に入った以上、欲を持つのはよいことだ。その欲から入って、いかに欲から離れるか。試合に臨む上ではそれが重要である」

よくよく、考えさせられる話だ。

ノムラの金言

「プロの世界に入った以上、
欲を持つのはよいことだ。
その欲から入って、
いかに欲から離れるか。
試合に臨む上ではそれが重要である」

第4章

（10月13日～2021年1月26日の紙面から）

真のプロフェッショナルへ

第23回

変則シフトが打者にもたらすプラスとマイナスの作用

野村克也さんが本紙に残した数々の語録を振り返る　毎週火曜掲載予定

よみがえる ノムラの金言　第23回

相手が「どうぞ、どうぞ」と笑っている

「どうぞ、どうぞと笑っている」—。コレ、どんな状況? 2月11日に急逝した野村克也氏(享年84)が、専属評論家としてサンケイスポーツに残した言葉を振り返る、ヘリテージ(遺産)連載。今回は、変則シフトに際しての、守る側と打つ側の心理を取り上げた。(構成・内井義隆)

中飛が二塁打に

最近の野球では、メジャーリーグだけでなく日本でも〝変則シフト〟が目につくようになった。打者によって内野手の守備陣形を変えるものだ。

そのシフトについて、ノムさんが興味深い考察を示している。2016年12月10日付の『ノムラのすべて』だった。

引用したのは、14年7月11日の巨人—阪神(東京ドーム)。巨人の六回の守備。

2—4と勝ち越され、なお1死二、三塁。打者・西岡剛という場面で内野5人、外野2人のシフトを敷いた。内野の間を抜かせないことを優先し、左翼手を三遊間に、中堅手を左中間に、右翼手を右中間に配置。

すると、ぽっかり空いた中堅へ2点二塁打された。普通なら中飛になる打球だった。

「西岡は決して、極端なシフトの条件に合う打者ではない。広角的なアベレージヒッターである。そういうタイプに、変則シフトは逆効果でしかない」

ノムさんはこの策に疑問を呈し、さらなる「逆効果」を説明した。

「センターを空けたことにより、『コンパクトなスイングで、センター返し』という打撃の基本を、西岡に思い出させてしまった。大物打ちではない打者を、より謙虚にさせてしまった」

そもそも、極端なシフトを敷く条件とは❶打球方向に偏りがある強打者、それも長距離砲❷その打者に長打を打たせないための手段。単打なら許容範囲。これが最大の目的という。

その裏返しとして、シフトに臨む〝わな〟にも言及した。

述懐したのは、最も有名な「王シフト」。史上最多となる通算868本塁打を放った左の大砲、巨人・王貞治内野手(現ソフトバンク球団会長)に対し、1964年、広島が実行。内野も外野も右方向に移動させ、三塁と左翼を空けたものだ。

世界の王とノムさんは打撃を崩さないため無視

「王に聞いたことがある。左方向に安打狙いの打撃を試みたところ、慣れないことをしたものだから、バットのヘッドが返ってしまい、投ゴロになった。以後、シフトは無視したそうだ」

実はそれ以前に、ノムさん自身も南海での現役時代、阪急にシフトを敷かれたことがあると明かした。

監督としての印象が強いため、つい忘れがちになる。日本歴代2位の通算657本塁打をマークした右の長距離砲こそ、野村克也だった。で、阪急が採用した「ノムラ・シフト」は外野手4人。一、二塁間が空いていた。だから打席に立つと、皮肉を込めて、右方向へバントのポーズをとった。

しかし、すぐに気が変わった。なぜか。それが、今回の金言。

「相手が『どうぞ、どうぞ』と笑っている。それで無理に流し打つことはやめた。安打になったとしても、相手には想定内。自分の打撃を崩す方が怖いし、それこそ相手の思うツボなのだ」

シフトをする方、される方。虚々実々の駆け引きがある。

14年7月11日　阪神・西岡に対し「巨人内野5人、外野2人」

2014年7月11日の巨人—阪神で、巨人は三遊間に外野手の亀井を配置。しかし、野手のいない中前に運ばれた

［2020年10月13日掲載］

中飛が二塁打に

最近の野球では、メジャーリーグだけでなく日本でも〝変則シフト〟が目につくようになった。打者によって内野手の守備陣形を変えるものだ。

そのシフトについて、ノムさんが興味深い考察を示している。2016年12

月10日付の『ノムラのすべて』だった。

引用したのは、14年7月11日の巨人―阪神（東京ドーム）。巨人の六回の守備の場面。

2―4と勝ち越され、なお1死二、三塁。打者・西岡剛という場面で内野5人、外野2人のシフトを敷いた。内野の間を抜かせないことを優先し、左翼手を三遊間に、中堅手を左中間に、右翼手を右中間に配置。すると、ぽっかり空いた中堅へ2点二塁打された。普通なら中飛になる打球だった。

「西岡は決して、極端なシフトの条件に合う打者ではない。広角的なアベレージヒッターである。そういうタイプに、変則シフトは逆効果でしかない」

シフトを敷く条件

ノムさんはこの策に疑問を呈し、さらなる「逆効果」を説明した。

「センターを空けたことにより、『コンパクトなスイングで、センター返し』という打撃の基本を、西岡に思い出させてしまった。大物打ちではない打者を、より謙虚にさせてしまった」

そもそも、極端なシフトを敷く条件とは。

❶打球方向に偏りがある強打者、それも長距離砲
❷その打者に長打を打たせないための手段。単打なら許容範囲

これが最大の目的という。

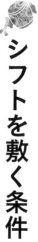

その裏返しとして、シフトに潜む〝わな〟にも言及した。述懐したのは、最も有名な「王シフト」。史上最多となる通算868本塁打を放った左の大砲、巨人・王貞治内野手（現ソフトバンク球団会長）に対し、1964年、広島が実行。内野も外野も右方向に移動させ、三塁と左翼を空けたものだ。

「王に聞いたことがある。左方向に安打狙いの打撃を試みたところ、慣れないことをしたものだから、バットのヘッドが返ってしまい、投ゴロになった。以後、シフトは無視したそうだ」

実はそれ以前に、ノムさん自身も南海での現役時代、阪急にシフトを敷かれたことがあると明かした。監督としての印象が強いため、つい忘れがちになる。日本歴代2位の通算657本塁打をマークした右の長距離砲こそ、野村克也だった。結果、阪急が採用した「ノムラ・シフト」は外野手4人。一、二塁間が空いていた。だから打席に立つとき、皮肉を込めて、右方向へバントのポーズをとった。

しかし、すぐに気が変わった。なぜか。それが、今回の金言。

「相手が『どうぞ、どうぞ』と笑っている。それで無理に流し打つことはやめた。安打になったとしても、相手には想定内。自分の打撃を崩す方が怖いし、それこそ相手の思うツボなのだ」

シフトをする方、される方。虚々実々の駆け引きがある。

ノムラの金言

「相手が『どうぞ、どうぞ』と笑っている。
それで無理に流し打つことはやめた。
安打になったとしても、
相手には想定内。
自分の打撃を崩す方が怖いし、
それこそ相手の思うツボなのだ」

第24回

「意図的に」投げるのが真のプロのコントロールである

攻めるだけでは

プロの投手にとって、「コントロール」は生命線の一つだ。ただし「コントロール」には、ひと言で片付けられないほど、さまざまな要素が付随してくる。それを教えてくれたのが、2016年6月18日付の『ノムラのすべて』だった。

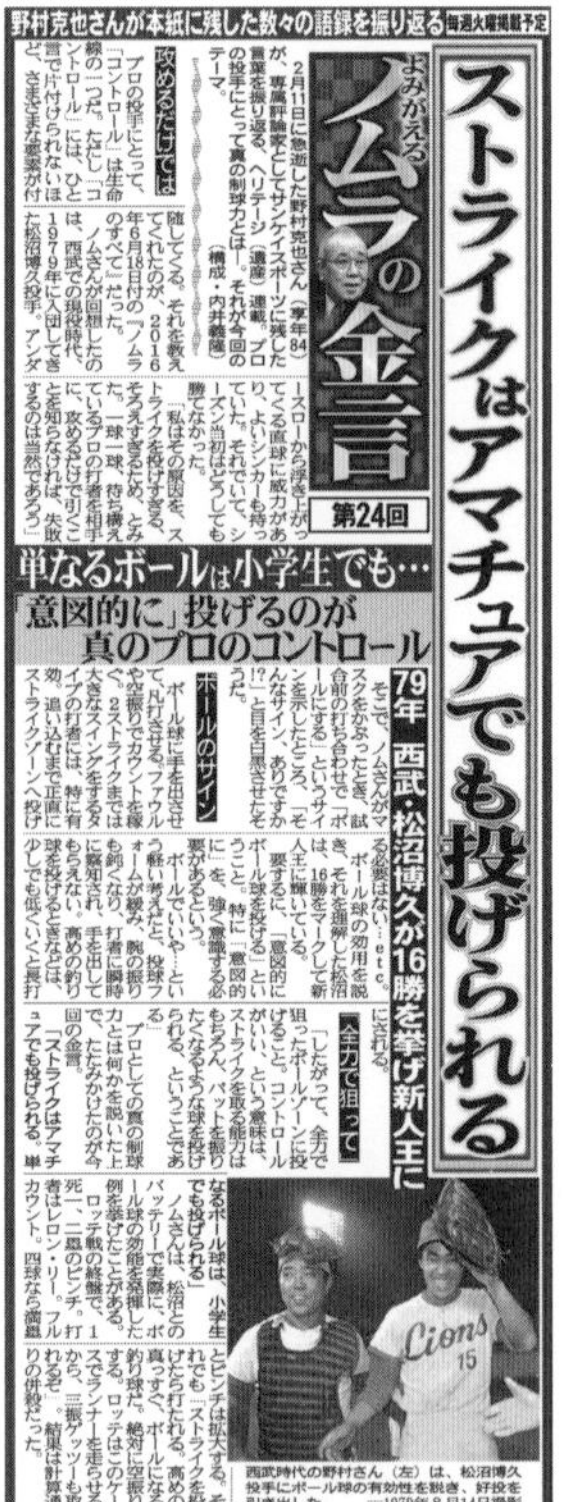

野村克也さんが本紙に残した数々の語録を振り返る 毎週火曜掲載予定

ストライクはアマチュアでも投げられる

よみがえるノムラの金言 第24回

2月11日に急逝した野村克也さん（享年84）が、専属評論家としてサンケイスポーツに残した言葉を振り返る、ヘリテージ（遺産）連載。プロの投手にとって真の制球力とは—。それが今回のテーマ。（構成・内井義隆）

攻めるだけでは

プロの投手にとって、「コントロール」は生命線の一つだ。ただし「コントロール」には、ひと言で片付けられないほど、さまざまな要素が付随してくる。それを教えてくれたのが、2016年6月18日付の『ノムラのすべて』だった。

ノムさんが回想したのは、西武での現役時代、1979年に入団してきた松沼博久投手。アンダースローから浮き上がってくる直球に威力があり、よいシンカーも持っていた。それでいて、シーズン当初はどうしても勝てなかった。

「私はその原因を、ストライクを投げすぎる、そろえすぎるため、とみた。一球一球、待ち構えているプロの打者を相手に、攻めるだけで引くことを知らなければ、失敗するのは当然であろう」

単なるボールは小学生でも…「意図的に」投げるのが真のプロのコントロール

79年 西武・松沼博久が16勝を挙げ新人王に

そこで、ノムさんがマスクをかぶったとき、試合前の打ち合わせで「ボールにする」というサインを示したところ、「そんなサイン、ありですか!?」と目を白黒させたそうだ。

ボールのサイン

ボール球に手を出させて、凡打させる。ファウルや空振りでカウントを稼ぐ。2ストライクまでは大きなスイングをするタイプの打者には、特に有効。追い込むまで正直にストライクゾーンへ投げる必要はない…etc。

ボール球の効用を説き、それを理解した松沼は、16勝をマークして新人王に輝いている。

要するに、「意図的にボール球を投げる」ということ。特に「意図的に」を、強く意識する必要があるという。

ボールでいいや…という軽い考えだと、投球フォームが緩み、腕の振りも鈍くなり、打者に瞬時に察知され、手を出してもらえない。高めの釣り球を投げるときなどは、少しでも低くいくと長打にされる。

全力で狙って

「したがって、全力で狙ったボールゾーンに投げること。コントロールがいい、という意味は、ストライクを取る能力はもちろん、バットを振りたくなるような球を投げられる、ということである」

プロとしての真の制球力とは何かを説いた上で、たたみかけたのが今回の金言。

「ストライクはアマチュアでも投げられる。単なるボール球は、小学生でも投げられる」

ノムさんは、松沼とのバッテリーで実際に、ボール球の効能を発揮した例を挙げたことがある。

ロッテ戦の終盤で、1死一、二塁のピンチ。打者はレロン・リー。フルカウント。四球なら満塁とピンチは拡大する。それでも「ストライクを投げたら打たれる。高めの真っすぐ、ボールになる釣り球だ。絶対に空振りする。ロッテはこのケースでランナーを走らせるから、三振ゲッツーも取れるぞ」。結果は計算通りの併殺だった。

西武時代の野村さん（左）は、松沼博久投手にボール球の有効性を説き、好投を引き出した＝1979年8月14日撮影

［2020年10月20日掲載］

ノムさんが回想したのは、西武での現役時代、１９７９年に入団してきた松沼博久投手。アンダースローから浮き上がってくる直球に威力があり、よいシンカーも持っていた。それでいて、シーズン当初はどうしても勝てなかった。

時には引くことも

「私はその原因を、ストライクを投げすぎる、そろえすぎるため、と見た。一球一球、待ち構えているプロの打者を相手に、攻めるだけで引くことを知らなければ、失敗するのは当然であろう」

そこで、ノムさんがマスクをかぶったとき、試合前の打ち合わせで**「ボールにする」**というサインを示したところ、**「そんなサイン、ありですか!?」**と目を白黒させたそうだ。

真の制球力とは？

ボール球に手を出させて、凡打させる。ファウルや空振りでカウントを稼ぐ。2ストライクまでは大きなスイングをするタイプの打者には、特に有効。追い込むまで正直にストライクゾーンへ投げる必要はない…etc。

ボール球の効用を説き、それを理解した松沼は、16勝をマークして新人王に輝いている。

要するに、**「意図的にボール球を投げる」**ということ。特に「意図的に」を、強く意識する必要があるという。ボールでいいや…という軽い考えだと、投球フォームが緩み、腕の振りも鈍くなり、打者に瞬時に察知され、手を出してもらえない。高めの釣り球を投げるときなどは、少しでも低くいくと長打にされる。

「したがって、全力で狙ったボールゾーンに投げること。コントロールがよいという意味は、ストライクを取る能力はもちろん、バットを振りたくなるような球を投げられる、ということである」

プロとしての真の制球力とは何かを説いた上で、たたみかけたのが、この金言。

「ストライクはアマチュアでも投げられる。単なるボール球は、小学生でも投げられる」

ノムさんは、松沼とのバッテリーで実際に、ボール球の効能を発揮した例を挙げたことがある。ロッテ戦の終盤で、１死一、二塁のピンチ。打者はレロン・リー。フルカウント。四球なら満塁とピンチは拡大する。

それでも**「ストライクを投げたら打たれる。高めの真っすぐ、ボールになる釣り球だ。絶対に空振りする。ロッテはこのケースでランナーを走らせるから、**

三振ゲッツーも取れるぞ」。

結果は計算通りの併殺だった。

ノムラの金言

「ストライクは
アマチュアでも投げられる。
単なるボール球は、
小学生でも投げられる」

第25回

固定観念に縛られ意味がない、ツーナッシングからの「1球外し」

釣り球を要求され

第24回は、投手にとって真のコントロールとは何か、をテーマにした。単なる「ボール球」なら小学生でも投げられる。全力で狙ったボールゾーンへ、打者が振りたくなるような球を投げる。それがプロだ、と。

意味がない1球外し
ツーナッシングからの
13年 巨人・宮国が0−2から浴びた2ラン
野村克也さんが本紙に残した数々の語録を振り返る
ノムラの金言
第25回
V9時代の巨人が始まりか…打たれると罰金も
ボール球の固定観念から脱却せよ

［2020年11月3日掲載］

今回も「ボール球」を取り上げる。ただし、焦点は「カウント」と「投手と打者の心理」。２０１３年８月21日の巨人―ヤクルト（神宮）の『ノムラの考え』だ。

巨人・宮国椋丞投手が一回２死一塁で、ウラディミール・バレンティン外野手（現ソフトバンク）に、カウント０―２から２ランを浴びた。ノムさんはその要因を、こう指摘した。

球界の固定観念

「球界にある固定観念がもたらしたものだ。ツーナッシングからの１球ボール外し、である」

捕手は腰を浮かせ、高めの釣り球を要求していた。これが、高さもコースも中途半端で、何より威力がなかった。

「ボールは正直」

「無理もない。ボールは正直だ。投手の思考と性格を背負って、飛んでくる」

1球ボールにすれば、いいんでしょ。そこに投げれば、いいんでしょ。この思いに支配され、肝心の勝負心（こころ）が入らない。空振りを狙いにいく球と、そこに投げるだけの球には、天と地ほどの差がある――。

まずは投手の心理を分析し、続けて、打者の心理に踏み込んだ。

1つ外してくるかも…という考えは、チラリとあるにしても、追い込まれているため、あらゆるコース、球種に幅広く対応しなくてはならない。その分、余分な力が抜けている。有利なカウントで力んでしまうのとは逆だ。そこに高めの、球威の落ちるストレート。バットは自然と出る。普通に当たれば、打球は上にあがる。パワーヒッターなら、本塁打――。カウントと両者の心理から結論を導き出した。そして、先述したくだりに戻る。それが金言。

「もう固定観念から脱却すべきだ。さも常識であるかのような、ツーナッシングからの1球外し。そこには何の意味もない」

常識を疑え

ノムさんは、0—2からの1球外しはV9時代（1965—73年）の巨人で始まったとして、当時の森昌彦捕手（のち祇晶、元西武、横浜監督）から聞いた話を打ち明けた。

0—2から打たれると、ベンチで**「なぜ有利なカウントから打たれる」**と叱責され、罰金を徴収されることもあった。どんなカウントでも、打たれるときは打たれるものなのに、1—2としたあとに打たれた場合は、おとがめなし。

このため、1球外しが常套手段になったという。

「だから私は監督時代、ミーティングで告げた。0―2から打たれても怒らないから、安易に1つ外すのはやめろ。無駄な球、意味のない球を投げるな、と」

1つボールを挟みたいのであれば、やはり全力で、打者が手を出したくなる球を、ということ。常識を疑ってみることも、ときには必要か。

ノムラの金言

「もう固定観念から脱却すべきだ。さも常識であるかのような、ツーナッシングからの1球外し。そこには何の意味もない」

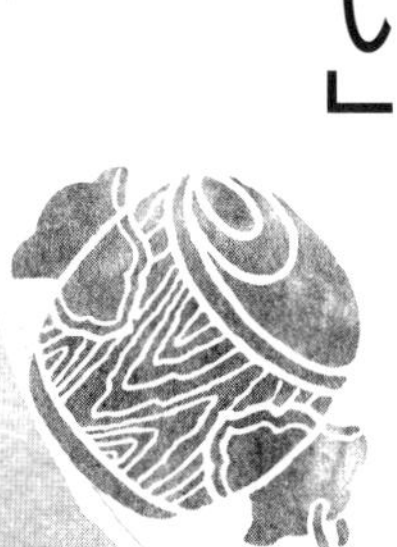

第26回

レギュラーシーズンと短期決戦は違う 監督の仕事で最も難しく、最も重要なのが投手交代

野村克也さんが本紙に残した数々の語録を振り返る 毎週火曜掲載予定

▼2016年10月27日 日本シリーズで日本ハムと戦う広島の継投策にタメ息

よみがえる ノムラの金言 第26回

勝負事に「方程式」など存在しない

6回で好投のジョンソンを交代…九回、守護神・中崎でサヨナラ負け

2月11日に急逝した野村克也さん（享年84）は、サンケイスポーツ専属評論家として、勝負事の心得もよく説いていた。今回のテーマは、短期決戦での継投策。型にはまらず、臨機応変に―。（構成・内井義隆）

【誤った選手起用】

プロ野球では今週末からパ・リーグのクライマックスシリーズに、来週末からは日本シリーズに突入する。

その「短期決戦」の戦い方で、ノムさんが苦言を呈したのは、2016年12月14日付の「ノムラのすべて」。

取り上げたのは同年の日本シリーズ、広島―日本ハム。2勝2敗で迎えた10月27日の第5戦（札幌ドーム）。広島が一回に1点を先行。1―0のまま迎えた後半。

「現在のプロ野球には、誤った選手起用がはびこっている」とタメ息を漏らしたのが、広島の継投策だった。

先発のジョンソン投手が6回95球、無失点で降板。七回から今村、ジャクソン、中崎と1イニングずつ、3人を投入。その結果、七回に追いつかれ、九回にサヨナラ負けを喫している。

「第1戦の先発から中4日のジョンソンが、自ら代えてほしいと申し出たという。七回以降のリレーも、レギュラーシーズン通りの順番。だから、緒方孝市監督は降板を許したのだろう」と、継投の背景を探りながら即座に断。

「もう少し頑張ってくれと背中を押して、追いつかれるまで、もしくはせめてあと1イニング、続投させるべきだった」として、理由を挙げた。

◇2016年日本シリーズ第5戦（10月27日、札幌ドーム）

広島	100	000	000	1
日本ハム	000	000	104X	5

（広）ジョンソン、今村、ジャクソン、中崎―石原
（日）加藤、メンドーサ、谷元、バース―市川
勝バース2勝
敗中崎1敗
本西川1号④（日）

【臨機応変に判断を】

ローテーションの谷間の投手ならいざしらず、ジョンソンは安定感抜群の左のエース。中4日といっても、95球は決して多すぎる投球数ではない。しかも、1試合もおろそかにできない短期決戦。レギュラーシーズンとは戦い方も変わってくる―と説いた。

さらに挙げたのが、投手交代の判断基準。

レギュラーシーズンと短期決戦は違う

❶アクシデントに見舞われた❷不調で立ち直る気配がない❸目に見えて疲労している❹次打者や次投手との信頼度―など。

走者を置いた状況では①セットポジションとクイック投法がうまい投手に代える②バント処理を優先して守備のうまい投手に代える③1点勝負で捕飛も許されないため三振を取れる投手に代える―なども加わる。

2016年の日本シリーズ第5戦。西川にサヨナラ満塁本塁打を浴び、肩を落としてマウンドを降りる中崎

「それらを組み合わせ、臨機応変に判断するのが継投。最終回にストッパーを投入するのは当然として、そこに至るまでの継投が一定である必然性は、ない。短期決戦ではなおさらだ」と結論付けた。

監督の仕事で最も難しく最も重要なのが投手交代

そして、金言。

「いまはどのチームも、『勝利の方程式』通りに継投を行う傾向にある。しかし、そもそも勝負事に『方程式』など存在しないのである」

ノムさんの持論では、監督の仕事で最も難しく、最も重要なのが投手交代。型にはまった継投だけでは、監督も必要ない。そう言いたげな表情でもあった。

［2020年11月10日掲載］

「誤った選手起用」

プロ野球は今週末からパ・リーグのクライマックスシリーズに、来週末からは日本シリーズに突入する。その「短期決戦」の戦い方で、ノムさんが苦言を呈したのは、2016年12月14日付の『ノムラのすべて』。

取り上げたのは同年の日本シリーズ、広島—日本ハム。2勝2敗で迎えた10月27日の第5戦（札幌ドーム）。広島が一回に1点を先行。1—0のまま迎えた後半。

「現在のプロ野球には、誤った選手起用がはびこっている」

とタメ息を漏らしたのが、広島の継投策だった。先発のクリス・ジョンソン投手が6回95球、無失点で降板。七回から今村猛、ジェイ・ジャクソン、中崎翔太と1イニングずつ、3人を投入。その結果、七回に追いつかれ、九回にサヨナラ負けを喫している。

明暗を分けた降板

「第1戦の先発から中4日のジョンソンが、自ら代えてほしいと申し出たという。七回以降のリレーも、レギュラーシーズン通りの順番。だから、緒方孝市監督は降板を許したのだろう」と、継投の背景を探りながら即座に断。

「もう少し頑張ってくれと背中を押して、追いつかれるまで、もしくはせめてあと1イニング、続投させるべきだった」として、理由を挙げた。

臨機応変に判断を

ローテーションの谷間の投手ならいざしらず、ジョンソンは安定感抜群の左のエース。中4日といっても、95球は決して多すぎる投球数ではない。しかも、1試合もおろそかにできない短期決戦。レギュラーシーズンとは戦い方も変わってくる――と説いた。さらに挙げたのが、投手交代の判断基準。

❶アクシデントに見舞われた
❷不調で立ち直る気配がない
❸目に見えて疲労している
❹次打者や次投手との信頼度――など

走者を置いた状況では⑤セットポジションとクイック投法がうまい投手に代える⑥バント処理を優先して守備のうまい投手に代える⑦1点勝負で犠飛も許されないため三振を取れる投手に代える――なども加わる。

「それらを組み合わせ、臨機応変に判断するのが継投。最終回にストッパーを投入するのは当然として、そこに至るまでの継投が一定である必然性は、ない。短期決戦ではなおさらだ」と結論付けた。

そして、金言。

「いまはどのチームも『勝利の方程式』通りに継投を行う傾向にある。しかし、そもそも勝負事に『方程式』など存在しないのである」

ノムさんの持論では、監督の仕事で最も難しく、最も重要なのが投手交代。型にはまった継投だけでは、監督も必要ない。そう言いたげな表情でもあった。

ノムラの金言

「いまはどのチームも
『勝利の方程式』通りに
継投を行う傾向にある。
しかし、そもそも勝負事に
『方程式』など
存在しないのである」

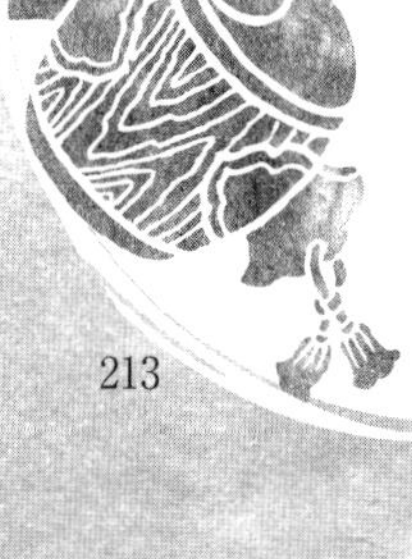

＜番外編＞

日本シリーズは捕手のためにあり。方策を絞り出すことが、捕手の務め

「準備」「実戦」「反省」

ノムさんはよく「**日本シリーズは捕手のためにある。経験すればするほど成長できる**」と力説していた。前夜の準備、当日の実戦、その後の反省…。3つの野球を最大で7度も繰り返す。それだけ厳しい舞台。この観点で評論した

サンスポ
日本Sあす開幕
全戦でDH制
ノムラの金言
「ノムラの考え」は生き続ける
シリーズは捕手のためにある
甲斐、大城へ送るメッセージ
「難行苦行」も「経験すればするほど成長できる」
「方策を絞り出すことが捕手の務め」
クラウドファンディング募集中
攻略法見つかるめ
ONにはささやき戦術も…

［2020年11月20日掲載］

のが２０１７年10月28日、ソフトバンク―ＤｅＮＡ第１戦の『ノムラの考え』。1―10と大敗したＤｅＮＡ井納翔一―嶺井博希の先発バッテリーを取り上げた。

着目したのは、配球。「そこに恐怖が表れている」と表現した。井納はフォークボールが持ち味とはいえ、スライダーとあわせ３球、４球と変化球を続けることが多かった。６割以上が変化球だった。

「嶺井（博希）がソフトバンク打線をどう評価していたか。ミーティングで『強力な打線。ストレートは通用しない』などと、言われたのではないか。そのため、カウントを稼ぐのも、勝負するのも、変化球になった」

心理戦でも優位に

ソフトバンクからすれば、必ず来る変化球への備えの比重を、増しておけばよい。**「ウチを恐れている」**と心理的に優位に立てる。焦りもないから、あわててボール球に手を出すこともない。じっくり仕留められる。

大差での敗戦も当然だった、と結論付けた。

「私も南海での現役時代、頭を抱えたことがある」と、巨人・長嶋茂雄（現終身名誉監督）対策にまつわる話を明かしてくれた。

ミーティングで「攻略法が見つからない。ある程度、打たれることは覚悟するように」と言われ、巨人から移籍してきた選手に聞いても「攻略法はありません」と即答された。

窮余の策も通じず

窮余《きゅうよ》の策で、捕手・野村克也の代名詞『ささやき戦術』に出た。打席に長嶋が入ると**「チョウさん、最近、銀座に飲みに行ってる？」**。集中力をそごうとしたが——。**「ノムさん、どう？　このピッチャーの調子は」**。まるで聞いていないから、効果がなかったそうだ。

もう一人の主砲、王貞治（現ソフトバンク球団会長）は、ささやきに逐一、答えてくれた。ただし、投手がモーションに入った瞬間、パッと切り替わり、パカーンと打たれた。巨人V９の１９６５—73年に、ノムさんの南海は３度挑んで敗れた。長嶋に４本、王に７本のアーチを浴びた。

「だからといって、恐れるだけでは、先に進まない。主砲を抑えられないとしたら、前後の打者を徹底マークするとか、不調の打者を見つけて、眠らせたままにしておくとか、方策を絞り出すことが、捕手の務めだ」

そして、金言。

「同じ相手と最大で7試合も連続で戦う日本シリーズは、捕手にとって難行苦行である」

ノムさんが南海捕手として最後にシリーズの舞台に立ったのは73年。奇しくも同じ大阪での第1戦、難行苦行に挑むのは、ソフトバンク・甲斐拓也、巨人・大城卓三、岸田行倫ら。彼らの成長を、ノムさんはきっと願っている。

ノムラの金言

「同じ相手と最大で
7試合も連続で戦う
日本シリーズは、
捕手にとって
難行苦行である」

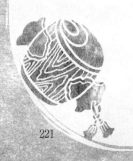

第27回

組織はリーダーの器以上に大きくならず。中心なき組織は機能しない

ONを見ろで事足りる
野村克也さんが本紙に残した数々の語録を振り返る
よみがえる
ノムラの金言
第27回
それが組織の理想像
「ONが率先して猛練習」

［2020年12月1日掲載］

日本シリーズは「難行苦行」

２０２０年の日本シリーズは、ソフトバンクの４年連続日本一という形で幕を閉じた。巨人は2年連続で４戦全敗。まさかの結果だったろう。前回の番外編では、その巨人とかつて、南海（ソフトバンクの前身球団）の捕手として対戦したノムさんの述懐とともに、日本シリーズは「難行苦行」とお伝えした。長嶋茂雄内野手（現巨人終身名誉監督）、王貞治内野手（現ソフトバンク球団会長）には〝ささやき戦術〟も通じなかった…という体験談が、少し笑えた。今回も「ＯＮ」にまつわるお話。13年9月22日、巨人のリーグV決定日に寄せた『ノムラの考え』の中で、組織論とリーダー論を取り上げた。

V逸なら酷評される立場

まずノムさんは、この時点で6度目のリーグVを達成した原辰徳監督を、独特の言い回しで、ねぎらった。

「南海、ヤクルト、阪神、楽天と、最下位チームばかりの監督を任されてきた私にとって、巨人の監督の座は、うらやましい限りであった。ただし最近は、こうも考える。駄目もとで、優勝すれば評価される立場と違い、勝って当たり

前で、V逸なら酷評される立場には、さぞプレッシャーもあるだろう」

黄金期を築くために

その上で、さらなる黄金期を築くために必要なものは、との観点から組織論に移る。南海での兼任監督時代に、巨人のV9（1965—73年）を支えた森昌彦捕手（のち祇晶）から聞いた話を、次のように披露した。

「（巨人の）川上哲治監督は、どんなミーティングをするのか」「野球の話は、ほとんどしない。人間学、社会学ばかり」

球界の盟主としての自負心。まず人間として立派であれ、という姿勢に感銘を受けたそうだ。さらに感服したのは、川上監督の厳しさ。長嶋茂雄がミーティングに遅刻し、それも手ぶらで来たとき、「時間を守れ！　筆記用具を取ってこい!!」と怒鳴りつけ、特別扱いなど許さなかったという。

「もちろん、長嶋が、不真面目だったわけではない」とノムさんはすかさずフォロー。1973年に巨人から南海に移籍してきた相羽欣厚外野手の話も、あわせて披露した。

「巨人のすごいところは、ONが率先して猛練習するから、他の選手もぼやぼやしていられないところです」

この答えには思わず、うなったという。なぜならば——それが金言。

組織とリーダーの器

「長嶋と王。あの２人を見ろ、と監督が言うだけで事足りる。それが組織の理想像だ」

ノムさんはしばしば、**「組織はリーダーの器以上に大きくならない」「中心なき組織は機能しない」**とも語っていた。さて、ご同輩。まわりを見渡して、そういうリーダーはいるだろうか。

ノムラの金言

「ONを見ろで事足りる それが組織の理想像」

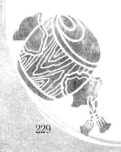

第28回

誰よりも速い球を投げられる。誰よりも打球を遠くに飛ばせる。天性の能力は練習で補いようがない

野村克也さんが本紙に残した数々の語録を振り返る　毎週火曜掲載予定

エースと4番は出会うしかない

2012年9月14日巨人－阪神から

よみがえる ノムラの金言　第28回

「エースと4番には…」。2月11日に急逝した野村克也さん（享年84）は、チームづくりの難しさをたびたび訴えていた。今回は、元監督という立場で低迷・阪神を憂い、2012年に絞り出した金言だ。（構成・内井義隆）

元監督の立場で

低迷した阪神を憂いチーム編成の重要性語る

エースがいない、4番もいない　低迷・阪神に必要なもの

当時の紙面

編成部門の眼力と努力により発掘を

あれから８年　主砲と快足戦士がでっかく育ちました

大山　近本

［2020年12月8日掲載］

元監督の立場からの提言

「あの２人を見ろ、と監督が言うだけで事足りる。それが組織の理想像」

２人とは長嶋茂雄内野手（現巨人終身名誉監督）と王貞治内野手（現ソフトバンク球団会長）。４番と大砲の「ＯＮ」が最高の手本として君臨していたため、

Ｖ９時代の巨人という組織はなお一層機能した。引き続き、組織づくりについて。ノムさんが１９９９―２００１年に監督を務めた阪神を例に、チーム編成の難しさと重要性を語っていた。

２０１２年9月14日、巨人―阪神（東京ドーム）の『ノムラの考え』。阪神はこの日の敗戦で巨人に４勝14敗４分け。〝カモ〟にされていた。最終的に、巨人が貯金43で独走優勝し、阪神は借金20で5位と、大きく水を開けられている。

「さすがに元監督の立場として、再建策を提言せざるをえない」と、意識改革を勧めることになったわけだ。

ノムさんの描く組織づくり

まず指摘したのが、大黒柱不在のチーム状況。投手陣では、この時点での勝ち頭が能見篤史投手と岩田稔投手の8勝。「エース」と呼べる存在は久しく出ていない。打線を見ても、「4番」を張った金本知憲外野手は、このシーズン限りでの引退が決まっており、後継者は見当たらないのが実情だ、と嘆いた。

では、エースと4番をどう見い出すか。実はそれ自体が難問だという。

「エースと4番は、育てようと思って育てられるものではない。誰よりも速い球を投げられる。誰よりも打球を遠くに飛ばせる。天性の能力は練習で補いようがない」

努力が生む出会い

その考えから導き出されたのが、今回の金言。

「エースと4番には、出会うしかない。出会えるかどうかは、編成部門の眼力

と努力にかかっている」

ノムさんは監督時代の体験から、阪神のドラフト戦略を分析した。

「スカウトは、狙った選手を無事入団させると、それだけでほめられる」。逆に、くじ引きで負けたら、入団を断られたら…との不安が先に立ち、大物は避け、2番手、3番手を集める。その結果、エースと4番不在という空洞化を招いたのでは——と。

俊足選手を狙え！

さらにノムさんが提示したのが、エースと4番との「出会い」がない場合の次善の補強策。

「球が速い、打球を飛ばすに次いで、やはり鍛えられないのは『足が速い』才能。

そういう選手を集めることだ」

理想の組織へ

あれから8年。20年シーズンの阪神は、4番に大山悠輔内野手が定着。近本光司外野手は2年連続で盗塁王になり、チーム盗塁数も巨人と並びリーグ最多の80をマークした。

ノムさんの描く組織づくりに、近づいた？

ノムラの金言

「エースと4番には、
出会うしかない。
出会えるかどうかは、
編成部門の眼力と
努力にかかっている」

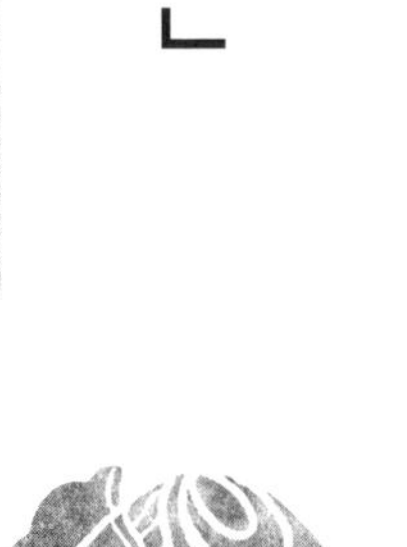

第29回

組織には主役を引き立たせる存在が必要

野村克也さんが本紙に残した数々の語録を振り返る

脇役のプレーは監督の思想を映す鏡

2013年3月29日 開幕戦 巨人－広島から

よみがえる ノムラの金言

毎週火曜掲載予定

第29回

2月11日に急逝した野村克也さん（享年84）がサンケイスポーツ専属評論家として本紙に残した言葉を振り返る、ヘリテージ（遺産）連載。今回、焦点を当てたのは「脇役のプレー」。これもまた、組織づくりに通じるテーマだ。（構成・内井義隆）

■「弱者」こそ

「弱者の兵法」。これもノムさんが好んで使った言葉だ。

ヤクルトの監督に就任した1990年。選手に「自分たちは弱い」と徹底的に自覚させ、作戦面でも奇襲・奇策をしばしば用いた。強いチームと同じことをしていては勝てないからだ、と振り返っている。

その思いから評論したのが、2013年3月29日の「ノムラの考え」。広島が、連覇を狙う巨人を東京ドームに迎えて行った開幕戦。

「また今年も巨人の大独走で終わってしまうのか。レギュラーシーズンの興味は秋までもたないのか。私は早くも不安にかられている」と、広島ベンチの無策ぶりに天を仰いでいる。

当時の紙面

■無策ぶりに

一回、先頭の菊池涼介内野手が右中間三塁打で出塁した。巨人・宮国椋丞は20歳にして初の開幕投手。緊張感はありありで、菊池に対し、いきなりカーブが2球、すっぽ抜け、直球も入らず、カウント3－0。そこから3球、苦し紛れの直球を投げて、打たれた。

直後に2番・丸佳浩外野手（現巨人）が、初球の内角スライダーを打って出て、右飛に倒れた。この回は結局、無得点。緊張し、動揺している相手を、たった1球で助けてしまった、と指摘。

丸には、じっくりボールを選ぶ姿勢を見せるなり、セーフティーバントの構えをするなり、宮國のリズムと制球をますます狂わせる手はいくらでもあった、と嘆いた。

「それはこの試合に限らず、シーズンを通して、今年の広島はうるさい、何をしてくるかわからない、と疑心暗鬼にさせる布石にもなったはずだ」と続けている。

四回には、2点を取ってなお1死一、三塁で、バリントン投手がカウント1－1から行って出て、遊ゴロ併殺打。ここでもスクイズを仕掛けて揺さぶるとか、あえて送りバントで2死二、三塁にして1番に回すとか、何か動きがあってしかるべきだと指摘。

「外国人だからバントがへた…。仮にそうだとしても、投手にとって、自分を、チームを助けるバントは必須科目。やらせなければならないし、できなければ、リリーフに配置転換してもよいくらいだ」と、厳しい口調で説いている。

組織には主役を引き立たせる存在必要!!

2013年3月29日の巨人－広島で、打席の丸は初球を打って右飛に倒れた

そして、金言。

「脇役のプレーは、監督の思想を映す鏡である」

2番の丸も9番のバリントンも、打線の中では言うまでもなく脇役。広島からは、そうした思想が伝わってこない、と残念がった。

前回、前々回では、「中心なき組織は機能しない」「エースと4番には出会うしかない」と、組織論とリーダー論をテーマにした。しかし組織には、主役を引き立たせる存在として、脇役も必要不可欠。さて上司諸氏、あなたの思いは部下に伝わっていますか？

［2020年12月15日掲載］

「弱者」だからこそ

「弱者の兵法」。これもノムさんが好んで使った言葉だ。

ヤクルトの監督に就任した1990年。選手に「自分たちは弱い」と徹底的

に自覚させ、作戦面でも奇襲・奇策をしばしば用いた。強いチームと同じことをしていては勝てないからだ、と振り返っている。

その思いから評論したのが、２０１３年３月29日の『ノムラの考え』。連覇を狙う巨人が、広島を東京ドームに迎えて行った開幕戦。**「また今年も巨人の大独走で終わってしまうのか。レギュラーシーズンの興味は秋までもたないのか。私は早くも不安にかられている」**と、広島ベンチの無策ぶりに天を仰いでいる。

相手を疑心暗鬼に

一回。先頭の菊池涼介内野手が右中間二塁打で出塁した。巨人・宮国椋丞は20歳にして初の開幕投手。緊張感はありありで、菊池に対し、いきなりカーブが２球、すっぽ抜け、直球も入らず、カウント３―０。そこから３球、苦し紛れの直球を投げて、打たれた。

直後に2番・丸佳浩外野手（現巨人）が、初球の内角スライダーを打って出て、右飛に倒れた。この回は結局、無得点。緊張し、動揺している相手を、たった1球で助けてしまった、と指摘。

丸には、じっくりボールを選ぶ姿勢を見せるなり、セーフティーバントの構えをするなり、宮国のリズムと制球をますます狂わせる手はいくらでもあった、と嘆いた。

「それはこの試合に限らず、シーズンを通して、今年の広島はうるさい、何をしてくるか、わからない、と疑心暗鬼にさせる布石にもなったはずだ」と続けている。

四回には、2点を取ってなお1死一、三塁で、ブライアン・バリントン投手がカウント1―1から打って出て、遊ゴロ併殺打。ここでもスクイズを仕掛けて揺さぶるとか、あえて送りバントで2死二、三塁にして1番に回すとか、何か動きがあってしかるべきだと指摘。

「外国人だからバントが下手…。仮にそうだとしても、投手にとって、自分を、チームを助けるバントは必須科目。やらせなければならないし、できなければ、リリーフに配置転換してもよいくらいだ」と、厳しい口調で説いている。

そして、金言。

「脇役のプレーは、監督の思想を映す鏡である」

勝つための思想

2番の丸も9番のバリントンも、打線の中では言うまでもなく脇役。広島からは、そうした思想が伝わってこない、と残念がった。

前回、前々回では、**「中心なき組織は機能しない」「エースと4番には出会うしかない」**と、組織論とリーダー論をテーマにした。しかし組織には、主役を引き立たせる存在として、脇役も必要不可欠なのである。

さて上司諸氏、あなたの思いは部下に伝わっていますか?

ノムラの金言

「脇役のプレーは、監督の思想を映す鏡である」

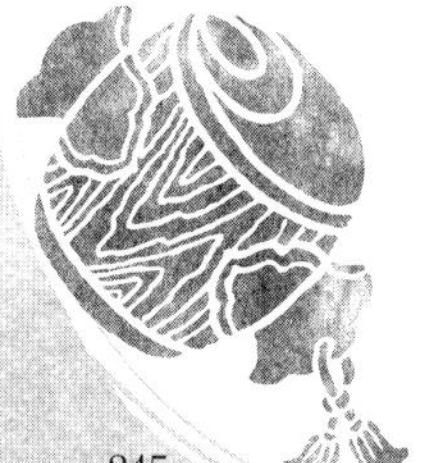

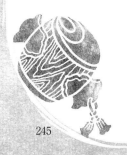

第30回

打たれた方は自分のことを研究してくる。ならばそれ以上に、こちらが研究すればよい

よみがえるノムラの金言

野村克也さんが本紙に残した数々の語録を振り返る

“神様”が殴り返してきたことも

次回は来年1月12日に掲載します

2月11日に急逝した野村克也さん（享年84）は、評論家、監督として、だけでなく、戦後初の三冠王にして歴代2位の通算657本塁打と、球史に残る記録の持ち主だった。今回は趣向を変えて、ノムさんが授かった金言を紹介したい。それはまさに、大打者への第一歩だった。（構成・内井義隆）

稲尾打ちへ…ある先輩から授かった金言

野村よ、ケンカでも、殴られた方は、痛みを忘れないもんや

第30回

クセを見破る!!

大打者・野村克也は、相手投手のクセを見破る名人でもあった。その手始めとなったエピソードを2013年1月の企画、『ノムラの記憶』で紹介してくれている。

2013年1月7日付紙面

相手の研究以上に研究

巻き返し成功も

杉浦のひと言で…

［2020年12月22日掲載］

クセ破りの名人

大打者・野村克也は、相手投手のクセを見破る名人でもあった。その手始めとなったエピソードを2013年1月の企画、『ノムラの記憶』で紹介してくれている。南海入団4年目の1957年、30本塁打で初タイトルを獲得。打率

も・３０２と初めて３割に乗せた。まだ22歳。前途洋々。夢心地。それはすぐに破られる。翌58年、壁にぶち当たり、21本塁打止まり。打率も・２５３と落ち込んだ。

ある先輩からの言葉

そんなとき、まず鶴岡一人監督から、こんな言葉を浴びせられた。

「野村は二流投手は打つけど、一流は打てんなあ」。特に同監督が指す一流とは、西鉄・稲尾和久投手。同年の巨人との日本シリーズで、チームの３連敗後に４連投４連勝。「神様、仏様、稲尾様」とまで称された「鉄腕」だ。ノムさんもその年、打率・１８８と抑え込まれていた。

さらにある先輩選手からは、こう言われた。それが、金言。

「野村よ、ケンカでも、殴られた方は、痛みを忘れないもんや」

地道な研究の成果

そうか！と膝をたたいたらしい。打たれた方は自分のことを研究してくる。ならばそれ以上に、こちらが研究すればよい――。一念発起したのが、59年。中学校時代のチームメートに頼み、16ミリカメラで、バックネット裏から稲尾投手を撮影・現像してもらった。そして、シーズンオフ、ついに発見した。

当時の投手は、ボールを握った手をグラブに隠すことをせず、腰の横から頭上まで、手をむき出しにして、振りかぶっていた。セットポジションでも、ボールを握った手を背中に乗せていた。そのとき、ボールの白い部分の見え方に、少しだけ差があった。白い部分が大きいとシュート。やや小さいと外角球。このわずかな差で、シュートを投げるときは8～9割、分かったという。

翌60年。対稲尾は17打数5安打、打率・294、1本塁打、3打点と巻き返しに成功している。もっとも、それも長続きはしなかった。

杉浦のひと言で…

「私と稲尾、そして南海のエース、杉浦忠がベンチに並んで座り、全セの打撃練習をながめていたときだ」。ノムさんが苦笑いで振り返ったのは、翌61年のオールスター戦でのこと。

杉浦投手が何気なく、「サイちゃん（稲尾投手の愛称）、野村はよ～く、研究しとるでえ」。ノムさんは慌てて「やめろや」と制止したが、時すでに遅し。稲尾投手に気付かれた。球宴後の初対戦で、ボールの白い部分がやや大きく見えたため、シュートだと思って構えていたら、外角スライダー。握りを変えて投げてきたわけだ。

切磋琢磨しながら

結局、61年の対戦成績は38打数10安打、打率・263と再び巻き返され、以後、打ち込んだり、抑えられたり…の繰り返し。まさに「殴られた方は」――。互いに相手の上を行こうと、研究を続けていた結果だ。

シーズンオフ、現在のプロ選手諸氏も次なる戦いに向け、さまざまな対策を練っていることだろう。

ノムさん自身が響いた金言

「野村よ、ケンカでも、殴られた方は、痛みを忘れないもんや」

第31回

秘密の暗号
内角「さあ、いけ」
外角「センターへ打っていけ」

ベンチからの暗号

あの激闘の裏で、そんなことがあったとは…。

「今だから明かせることがある」とノムさんが切り出したのは、なんとも刺激的な内容だった。

野村克也さんが本紙に残した数々の語録を振り返る

よみがえる ノムラの金言 第31回

昨年2月11日に死去した野村克也氏（享年84）は、2018年の本紙の企画記事の中で、ヤクルト監督時代のある秘密を打ち明けてくれた。それはノムラの考え、ならぬ、ノムラの暗号…。（構成＝内井義隆）

日常的な言葉こそ暗号に

内角「さあ、いけ」 外角「センターへ打っていけ」

ベンチから声出して

あの激闘の裏で、そんなことがあったとは…。

「今だから明かせることがある」とノムさんが切り出したのは、なんとも刺激的な内容だった。

2018年11月の連載企画「平成の真実」。野村監督率いるヤクルトと、森祇晶監督率いる西武によって争われた1992、93年の日本シリーズにスポットライトが当てられた。

92年は4勝3敗で西武。93年は逆に4勝3敗でヤクルトが日本一に。老練な監督同士。〝キツネとタヌキの化かし合い〟という見方からもファンに注目され、大いに盛り上がったものだ。

その決戦を振り返ると同時に、ノムさんが打ち明けたのは当時、打者に向けて、ある暗号を送っていたことだった。

「相手の捕手が内角、外角、どちらにミットを構えたか。私がベンチから声を出して、打席の選手に伝えていたのだ」

通常ベンチから打席を見ると、角度的には真横になる。そのため、高いか低いかは分かっても、内角か外角かのコースは判別しにくい。

「監督。どうして、分かるんですか」…。周囲のコーチングスタッフが、目を白黒させていたというのも無理はない。

「確かにあれは、捕手出身でないとできないことだろう」

論理的に、順序立てて説明することは難しい。あえて挙げると、捕手の両足の運び方やミットの出し方など、微妙なポイントで判別していた、という。

前回の当欄で取り上げた通り、ノムさんは〝クセ発見〟の元祖。南海での現役時代、西鉄・稲尾和久投手の投球フォームを研究し、ボールの握り方のわずかな違いから、外角球を投げてくるときを見抜き、攻略につなげている。そうした下地があったからこそできる芸当か。

希望の選手だけに

もっとも、全選手に、全球、教えていたわけではない。選手の中には、「コースが分かるとボール球でも手を出してしまう」とか「集中力が途切れる」などというタイプもいる。だから、希望する選手にだけ伝達していた。

それでは、どうやって伝えていたのか。

「さあ、いけ」＝内角。

「センターへ打っていけ」＝外角。

これが、定番。そして、金言。

捕手出身だからこそできる芸当

「どちらも野球では、よく使われるフレーズで、相手に怪しまれることもない。日常的な言葉こそ、暗号にふさわしい、ということだ」

スパイ映画さながらで、興味深い話だ。

ところで、コースを教えていた選手は？

「私の暗号が一助になったことは間違いないが、選手の活躍が全て。〝他力本願〟だったわけではない。だから名前は伏せておく」

少しくらい謎は残った方が、おもしろい。

◆ヤクルト・1992、93年の日本シリーズ◆

月　日	戦	勝敗スコア	相　手	責任投手	球　場
【1992年】					
10・17	①	○7X－3	西　武	岡林	神　宮
18	②	●0－2	〃	荒木	〃
21	③	●1－6	〃	石井	西　武
22	④	●0－1	〃	岡林	〃
23	⑤	○7－6	〃	伊東	〃
25	⑥	○8X－7	〃	伊東	神　宮
26	⑦	●1－2	〃	岡林	〃
【93年】					
10・23	①	○8－5	西　武	荒木	西　武
24	②	○5－2	〃	西村	〃
26	③	●2－7	〃	伊東	神　宮
27	④	○1－0	〃	川崎	〃
28	⑤	●2－7	〃	宮本	〃
31	⑥	●2－4	〃	西村	西　武
11・1	⑦	○4－2	〃	川崎	〃

【注】92年の20日、93年の30日は雨天中止

日本シリーズ92年は西武、93年はヤクルト日本一

〝キツネとタヌキの化かし合い〟でファン注目

2018年11月29日付紙面

毎週火曜掲載予定

［2021年1月12日掲載］

２０１８年11月のサンケイスポーツ連載企画『平成の真実』。野村監督率いるヤクルトと、森祇晶監督率いる西武によって争われた１９９２年、93年の日本シリーズにスポットライトが当てられた。

92年は4勝3敗で西武。93年は逆に4勝3敗でヤクルトが日本一に。老練な監督同士。〝キツネとタヌキの化かし合い〟という見方からもファンに注目され、大いに盛り上がったものだ。その決戦を振り返ると同時に、ノムさんが打ち明けたのは当時、打者に向けて、ある暗号を送っていたことだった。

「相手の捕手が内角、外角、どちらにミットを構えたか。私がベンチから声を出して、打席の選手に伝えていたのだ」

通常ベンチから打席を見ると、角度的には真横になる。そのため、高いか低いかは分かっても、内角か外角かのコースは判別しにくい。「監督。どうして、分かるんですか」。周囲のコーチングスタッフが、目を白黒させていたというのも無理はない。

「確かにあれは、捕手出身でないとできないことだろう」

論理的に、順序立てて説明することは難しい。あえて挙げると、捕手の両足の運び方やミットの出し方など、微妙なポイントで判別していた、という。

第30回で取り上げた通り、ノムさんは〝クセ発見〟の元祖。南海での現役時代、西鉄・稲尾和久投手の投球フォームを研究し、ボールの握り方のわずかな違いから、シュートを投げてくるときを見抜き、攻略につなげている。そうした下地があったからこそできる芸当か。

スパイ映画さながらに

もっとも、全選手に、全球、教えていたわけではない。選手の中には、「コースが分かるとボール球でも手を出してしまう」とか「集中力が途切れる」などというタイプもいる。だから、希望する選手にだけ伝達していた。それでは、どうやって伝えていたのか。

「さあ、いけ」＝内角。
「センターへ打っていけ」＝外角。
これが、定番。そして、金言。

「どちらも野球では、よく使われるフレーズで、相手に怪しまれることもない。日常的な言葉こそ、暗号にふさわしい、ということだ」

スパイ映画さながらで、興味深い話だ。ところで、コースを教えていた選手は？

「私の暗号が一助になったことは間違いないが、選手の活躍が全て〝他力本願〟だったわけではない。だから名前は伏せておく」

少しくらい謎は残った方が、おもしろい。

ノムラの金言

「どちらも野球では、
よく使われるフレーズで、
相手に怪しまれることもない。
日常的な言葉こそ、
暗号にふさわしいということだ」

第32回

日本シリーズで
イチローを〝口撃〟
希代の策士が
仕掛けた情報戦

挑発の裏側にあったもの

　1970年代に人気が低迷していたパ・リーグで、南海の監督として、話題づくりに苦心していたノムさん。その手腕（?）をいかんなく発揮したのは、ヤクルトの監督時代だった。

よみがえる ノムラの金言 第32回

野村克也さんが本紙に残した数々の語録を振り返る

試合が始まるまでは 監督が主役であり情報発信者

イチローには内角意識させ外角勝負

長嶋巨人を 日本Sでイチローを"口撃"

希代の策士が球界を盛り上げた

［2021年1月19日掲載］

2016年12月13日付の『ノムラのすべて』で、当時の内幕を明かしている。長嶋茂雄監督が巨人に復帰した1993年。ヤクルトの球団上層部に許可をもらったという。

「長嶋巨人を意図的に挑発します。よろしいですね」

巨大戦力を誇るチームに、ミスタープロ野球が指揮官として加わった。前年にリーグ優勝したヤクルトにとっては、連覇への最大のライバル。巨人に対する〝ブランドコンプレックス〟を取り除くため、また選手を鼓舞するため、**「長嶋サンは○○だから」「巨人軍は××だから」**などと、ことあるごとに〝口撃〟した。

相手も、これを真に受けて反発。マスコミも「遺恨」「因縁」の図式を作り上げた。93年はヤクルトが日本一で、巨人が3位。以後、94年は巨人、95年はヤクルト、96年巨人、97年ヤクルト…と交互に優勝。大いに球界を活性化させている。

95年のオリックスとの日本シリーズでも〝口撃〟が奏功した。標的にしたのは、前年にシーズン210安打のプロ野球記録を樹立し、同年にも首位打者、打点王、盗塁王を獲得したイチロー外野手だ。

日本シリーズを見越して、シーズン中から**「イチローの弱点を探してくれ」**とスコアラーを派遣。答えは**「弱点がありません。打たれることは覚悟してください」**。そこでノムさんはシリーズ直前、マスコミには必ず**「弱点はインハイ。内角をどんどん攻めます」**と発言。

迎えた本番。イチローは明らかに内角を意識し、右肩の開きが早く、フォームが崩れていたそうだ。1、2戦で計7打数1安打に抑え、ヤクルトは連勝。これがモノをいって、4勝1敗で日本一になっている。

もちろん、そこは希代の策士。実際に攻めたのは、外角だった。日本シリーズではいつも、古田敦也捕手らに「俺がマスコミに対して言うことはウソだから、信じるな」と事前に耳打ちしていたという。

監督の色と責任

それらの経験から、ノムさんは「監督とは何ぞや」を熱く語った。

「最近は、レギュラーシーズンどころか、クライマックスシリーズや日本シリーズでも、監督の言動に〝色〟がない。『自分たちの野球をするだけです』『選手を信頼しています』などと、同じようなセリフしか出てこない」とまずは嘆く。

「確かに、試合中の主役は選手。監督が必要以上に目立とうとしてはいけない」とクギも刺す。「しかし」と続けたのが、今回の金言。

「練習、ミーティング、マスコミ対応など、試合が始まるまでは監督が主役であり、情報発信者である。監督にはチーム、リーグ、そして球界全体を盛り上げていく責任がある」

引き続きコロナ禍で迎える2021年のシーズン。12球団の監督は、どんなメッセージを発してくれるのだろうか。

ノムラの金言

「練習、ミーティング、マスコミ対応など、
試合が始まるまでは監督が主役であり、
情報発信者である。
監督にはチーム、リーグ、
そして球界全体を
盛り上げていく責任がある」

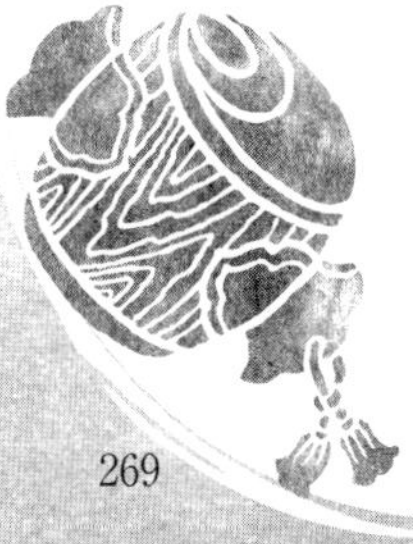

＜最終回＞

愛する沙知代さんへ ノムさんが紡いだ「最後の恋文」

人生二人三脚

あれが「最後の恋文」だった。ノムさんは、２０１８年1月25日に行われた沙知代さんの「お別れの会」で、サンケイスポーツに特別手記を寄せている。

仕事上であろうと女性からの電話はたたき切る　真っ二つに折り庭にほうり投げ…

携帯電話を5個壊された

最後の恋文

18年1月25日 沙知代さん「お別れの会」で特別手記

ノムラの金言

最終回

旦那の交友関係をここまで気にする女性も、そうはいまい

むしろ男冥利

［2021年1月26日掲載］

「心の整理がつかない。人生そのものにポッカリ穴があいた。出会って半世紀近く。マミーのいない生活がこれほど、むなしいものだとは…」

当時82歳。3つ上の姉さん女房をずっと「マミー」と呼んできた。その人生はまさに二人三脚だった。出会いは1970年頃。南海の東京遠征時の宿舎近くにある中華料理店で、女性店主に紹介されたという。

「どんなお仕事ですか」「雨が降ったら商売あがったり…という職業です」「あ、それでカントクさんなんですね」。最初は工事現場の監督だと勘違いされた。「野球の監督⁉ ノムラさん、とおっしゃるんですか？」。大スターの野村克也を知らない。野球のヤの字も知らない。そんな純粋さに魅かれた。77年オフに南海から解任され、目の前が真っ暗になったときは、「なんとかなるわよ」と背中を押してくれた。

その励まし通り、ロッテ、西武で現役生活が3年延びた。80年限りで引退すると、幸運にも恵まれた。バブル到来。講演会で引く手あまたに。

「ネームバリューがあって、話の内容が濃い。この2つがあれば、仕事は続けられるわよ」

ここでも沙知代さんがマネジャー役として、バックアップしてくれた。多くの仕事を取ってきてくれた。**「東京・目黒の小さな家から、世田谷・玉川田園調布の大きな家に住めたのは、そのおかげ」**。

ノムさんは感謝とともに振り返っている。だからこそ、次のエピソードも心に響く。**「私は携帯電話を5個、壊された」**。仕事上の電話であろうと、女性から電話が入ろうものなら「あんた誰！　かけてこないで!!」とたたき切る。「なんで女に番号を教えるのよ!!」と怒鳴る。〝ガラケー〟の携帯電話を真っ二つに折り、庭にほうり投げ、犬のオモチャにしてしまったそうだ。70歳を過ぎてからも、地方に出張すると「最終の新幹線に間に合うでしょ。帰ってきて」と、矢のように催促された。

「それも愛情の裏返し。旦那の交友関係を、ここまで気にする女性も、そうはいまい。むしろ男冥利に尽きるというものだ。女性上位の国は栄える」

おしどり夫婦と呼ばれて

沙知代さんが亡くなる少し前から、「死」について話すようになったという。女性の平均年齢が86歳、男性が81歳と、テレビ番組で見たからだ。

「お互い、その年齢にきたか」「そんなこと、神様しか分からないわよ」「くれぐれも先に死ぬなよ。マミーなしでは生きていけんからな」

不安が現実になったのは、２０１７年12月8日。「どうした⁉」「大丈夫よ」という会話が、最後になった。そこから2年が経過した、20年2月11日。ノムさんも後を追うように、亡くなった。21年1月24日に、一周忌法要と納骨式が営まれ、愛妻とともに永い眠りについた。熟年離婚、家庭内別居…。

いまどきの冷めた夫婦関係とは正反対だった〝おしどり夫婦〟に、改めて献杯したい。

ノムラの金言

「旦那の交友関係を、
ここまで気にする女性も、
そうはいまい。
むしろ男冥利に
尽きるというものだ。
女性上位の国は栄える」

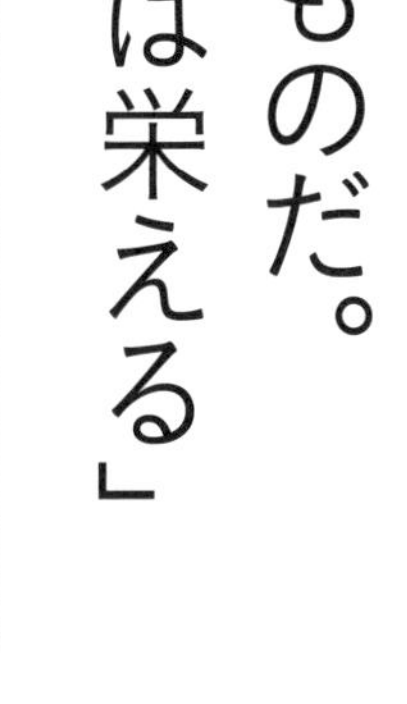

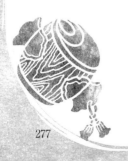

あとがき　サンケイスポーツ担当記者が綴る

素顔のノムさん

野球だけでなく、私たちの日常生活にも通じる数々の「金言」を遺してくれた野村克也氏。妥協を許さなかった評論現場、忘れられない言葉など、担当記者だけが知るノムさんの素顔、秘蔵エピソードを綴ってもらった。

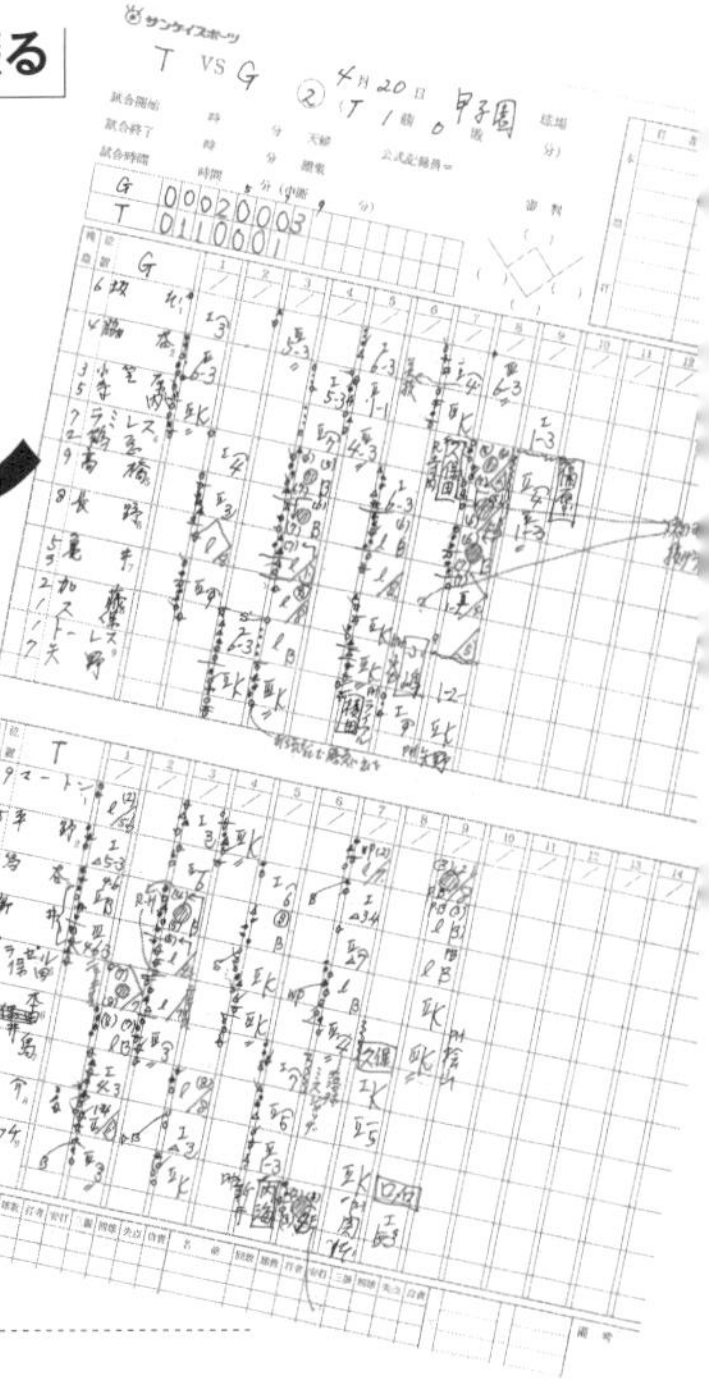

野村克也氏の直筆スコアブック。一番の特徴は捕手目線で記入している点。細枠に球種、コースを記号でつけていくが、内角と外角は捕手から見たものだ。○は直球、△はカーブ、長細い円に横棒があるのはスライダーなど横の変化、□はフォークなど縦の変化の球種。球種の塗りつぶしはボール、球種の上に横棒があれば空振り。球種の上にヒゲのように跳ねているのはファウル、ヒゲの向きはファウルの飛んだ方向を示している。

配球において緩急は重要だと考えるが、球速をあまり気にしないのはノムさんならではの記者やファンと異なる点。毎試合、全球をチェックしつつ「勝負を分けた1球」を探り出し、評論「ノムラの考え」のテーマを決めていった。

独自のスコアブック

評論作業が、そこまでストイックだったとは。野村克也氏と記者席に並んで仕事をするようになった、2012年のある日。試合終了後、スコアブックをのぞくと、目が点になった。すぐに、目がチカチカしてきた。

打席ごとの結果だけではなく、その横の細い欄に、プレーボールからゲームセットまでの全球が、びっしりと書き込まれている。

普通なら、「○」（見逃しストライク）、「×」（空振り）、「二」（ファウル）、「・」（ボール）と、わかりやすい4種類の記号で済ませるところ。

野村氏の場合はそこに、球種、コース、ファウルが飛んだ方向が加わる。さらに、けん制球、ピッチドアウト、ウエストボールまで識別できるようになっている。はっきり言って、公式記録員よりも詳細だった。

「どの局面が評論のポイントになるか、分からんから、1球たりとも見逃したくないんや。キャッチャー出身。どうしても完全主義、理想主義を追い求めるんやろうな」

　実際に、プレーボールの第1球、ゲームセットの最後の1球が、評論のテーマになったこともある。サンケイスポーツの名物評論『ノムラの考え』は、こうした細やかな視点の上で、成り立っていた。

誰にも負けない評論を

　また、スコアブックを開く前から、野村氏の姿勢は他と違っていた。

　評論家と記者の大半は、試合前に球場内の関係者サロンなどで食事を済ませる。腹が減っては戦（いくさ）が出来ぬ。当然のことだろう。その中にあって、野村氏は何も口にしなかった。

　長いプロ野球生活。ナイターに合わせて〝夜型〟になり、ユニホームを脱いでからも起床と昼食は遅かった…ということも一因だとは思う。ただ、それ以前に――。

「人間、腹が満たされると、いい仕事はできないやろ。試合中、眠くなってしまうからな。評論家として雇っていただいた以上、失礼のないように、誰にも負けない評論をしたいんや」

　そこまで情熱を注いで、綴られてきた原稿の数々。20年2月11日に野村氏が急逝したあと、改めて読み返すと、評論のメインテーマとして見出しとなったフレーズ以外に、野球はもちろん、仕事や人生へのヒントにもなる、きらりと光る言葉が多いことに気付かされた。

日本球界へのヘリテージ（遺産）

こうして同年4月からサンスポでスタートした連載が、『よみがえるノムラの金言』だ。

正直なところ、当初は7、8回の短期で終わるつもりでいた。新型コロナウイルスの影響で、プロ野球の開幕が6月19日までずれ込み、その間の紙面のスペースを埋める…という目的もあったからだ。

幸いなことに、好評をいただき、続行を望む声に後押しされ、2021年1月まで全34回の連載に。それが今、1冊の本にまでなり、感無量である。そして何より、野村克也氏に改めて感謝したい。

あのスコアブックのように、プレーボールからゲームセットまで、びっしりと書き込まれた野球人生。その一端を掘り起こすだけで、本になる。まさしく日本野球界のヘリテージ（遺産）。亡くなってなお、これほどファンを楽しませてくれる方は、他にいない。

サンケイスポーツ編集委員
内井義隆

サンケイスポーツ厳選

ノムさん 珠玉のボヤキ名言集

本書では数々の金言を紹介してきたが、ここではノムさんの愛すべきボヤキ節も厳選してご紹介。あなたが好きなボヤキはどれですか?

「オマリーとミューレン、背番号が3と9でサンキューセットや」

広沢とハウエルが宿敵・巨人に移籍した1995年、ヤクルトのユマキャンプで新助っ人に向けて。その年、両助っ人の活躍でリーグ優勝、日本一に輝いた。

「オールスターじゃなく、オールスターダストや」

2006年6月26日、本拠地開催のオールスターのファン投票で楽天勢が7部門8人を占める異常事態に。

「守らせたら天下一品。でも、守るだけで攻めないから自衛隊だな」

ヤクルト監督時代の1995年、新人だった宮本の守備力は即戦力だったが、打撃がいまひとつだったことに対して。

「SON（息子）よSUN（太陽）になれ」

1995年のドラフト会議でヤクルト入団が決まった息子・克則に向けて。「ワシみたいに記録だけじゃ駄目、人気も実力もある長嶋選手のようにならなくちゃ」と長嶋氏にあやかり背番号33を与えた。

「マーくん、神の子、不思議な子」

楽天監督時代の2007年8月3日、先発の田中が四回までに5失点を喫しながらも、チームが7―5で勝ち、白星を手にしたことに対して。

「ワシの場合、本当のことを言った方が疑われる」

ヤクルト時代の1995年10月17日、オリックスとの日本シリーズ直前にラジオに生出演し「第1戦の先発は吉井」と口を滑らせた後に。なお、実際にマウンドに送ったのは、右肩痛を理由に別メニュー調整を命じたはずのブロスだった。

「これは不滅だな。汚名を。名を残すよ、汚名を。

俺に華やかな記録は俺に似合わないからな」

楽天時代の2008年6月18日の阪神戦に敗れ、監督通算1454敗目。三原脩監督（西鉄など）を抜き、歴代ワーストとなった。

「バッカじゃなかろか、ルンバ」

2008年5月29日、2点差の九回に巨人・矢野の盗塁失敗で試合終了し、楽天が勝利。相手の采配ミスに助けられ、上機嫌で歌いながら監督会見に登場した。

「安物の天才。首位打者を取れる」

2009年の前半戦に打ちまくった楽天・草野に向けて。ヤマを張らなくても来た球を打てる打撃センスを評価。

「本当に不思議だな。エルニーニョ、ノムニーニョか?」

74歳だった2009年、「年齢と同じ74勝できればCSに行ける」との予言通り、74勝で楽天の球団史上初のCS進出を決めて。戦後初の三冠王に輝いた1965年、ヤクルト時代に初の日本一に輝いた93年を引き合いに「俺はエルニーニョ現象が起きている年に強い」とチームにハッパをかけていた。

「くそったれシリーズ」

2009年、球団から翌年の契約を結ばないと通告されて指揮を執ったCSを指して。ソフトバンクとの第1S第1戦に勝利し「なんで涙出たのかな。悔し涙だ。契約とかそういうもので、人間のふれあいはないのか? 情けに訴えるつもりもないけど、もう意地シリーズじゃなくて、くそったれやな」と志半ばでの退任決定を悔しがった。

「ぼやきが出るのは元気な証拠。ぼやかなくなったらご臨終です」

2009年の新語・流行語大賞で「ぼやき」がトップ10入り。「記者に囲まれて、ただ話していただけのことが賞をいただけるとは驚いた。まさに〝ぼやきは永遠なり〟だな」と喜んだ。

野村克也

（のむら・かつや）

1935年（昭和10年）6月29日生まれ。京都府出身。
峰山高から54年にテスト生で南海（現ソフトバンク）入団。
65年に戦後初の三冠王。
70年に兼任監督となり、80年に45歳で引退。
通算3017試合で打率.277、2901安打、657本塁打、1988打点。
MVP5度、本塁打王9度、打点王7度、首位打者1度、ベストナイン19度。
ヤクルト、阪神、楽天で監督を務め、監督通算1565勝1563敗76分け。
ヤクルトで日本一3度。89年に野球殿堂入り。右投げ右打ち。
2020年2月11日、虚血性心不全で死去（享年84）。

本書は2020年4月10日～2021年1月26日に
サンケイスポーツで掲載された
「よみがえるノムラの金言」を加筆、再構成したものです。

装丁／イエロースパー　写真／サンケイスポーツ

よみがえるノムラの金言《きんげん》

野村克也《のむらかつや》が遺《のこ》した言葉《ことば》からはまだまだ多《おお》くを学《まな》べる——

2021年3月17日　第1版第1刷発行

著者　　　サンケイスポーツ
発行人　　池田哲雄
発行所　　株式会社ベースボール・マガジン社
　　　　　〒103-8482
　　　　　東京都中央区日本橋浜町 2-61-9 TIE浜町ビル
　　　　　電話　03-5643-3930（販売部）
　　　　　　　　03-5643-3885（出版部）
振替口座　00180-6-46620
HP　　　　http://www.bbm-japan.com/
印刷・製本　広研印刷株式会社

Printed in Japan
ISBN978-4-583-11346-3 C0075
